JN438634

꽃이라도 십겠습니다

꽃이라도 심겠습니다

윤경화 수필집

수필과비평사

| 작가의 말 |

구월 하순인데 아직 구월의 노래가 들리지 않는다. 더위의 기세가 유난스러워 일상의 무게는 물먹은 솜이다. 그러나 주말이면 기온이 뚝 떨어질 거라 한다. 며칠만 견디면 놀란 듯이 가을이 와 숨통이 트일 것이다.

휘발성이 강한 나의 기억력보다 한 줄의 글이 더 믿음이 가기에 이 문장들을 남긴다. 그래서 내가 한 일 중에 글쓰는 사람이 된 것이 가장 잘한 일이라고 생각한다. 그리고 꾸준히 쓸 수 있는 것은 축복이라고 여긴다.

2019년 11월 17일에 중국에서 최초로 보고된 이후 퍼지기 시작한 코로나 팬데믹은 다양한 변이를 거치면서 2024년인 지금까지 끊임없이 환자가 발생하고, 안전 안내 문자도 접하는 중이다. 이처럼 낯선 일들이 우리의 삶에 먼지처럼 끼어든 시대에 살고 있다.

이번에 묶은 글들은 대부분 코로나 팬데믹 기간에 창작했다. 작품마다 가사어처럼 코로나의 무늬가 어린다. 일상이 바뀌고 새로운 문화가 탄생했다. 완고하던 관습에 틈이 생기고, 홀로 문화가 강화되었다. 특정하지 않았지만 대개의 글에 이런 분위기가 스며 있다.

이번 수필집은 코로나 팬데믹 중 나의 시선에 잡힌 일상 풍경과 그 근원인 마음의 행로를 모아 이 시대를 존재하게 한다는 것에 의미를 부여하고 싶다. 인간사에 특별한 지층이 될 것이다. 그래서 일반적이지 않게 코로나 팬데믹을 바라보는 문우의 시선 한 편도 함께 수록한다. 작품을 주신 김 선생께 감사드린다.

책을 낼 때마다 고마운 마음을 전하고 싶은 분이 있다. 기억이 희미한 가운데도 '화야'라고 불러주시는 구순의 노모와, 충분히 늙어도 여전히 멋진 남편, 사십 대 남자를 유일하게 존칭 없이 이름으로 부를 수 있는 아들이다. 이번에도 교열과 다양한 아이디어와 조언을 준 김 선생과 글의 소재들에 감사와 존경을 보낸다.

2024. 가을

윤 경 화

| 차례 |

제3부

제4부

제5부

제7부

제8부

제9부

제1부

저물녘 풍경

눈 내리는 날은 산마을에 있는 거처로 들어가는 일이 쉽지 않아 일터 가까이 있는 본가에서 종종 묵는다. 올해는 예년과는 다르게 시내에 머무는 날이 잦다. 어느새 노년에 접어든 우리 부부는 궂은날 도로 위에 있으면 공연히 다른 운전자들의 눈치를 보게 된다. 무엇보다 십여 년 함께 지내던 금순이(반려견)도 떠났으니 하루 이틀 정도 올라가지 않는다고 딱히 기다리는 이도 없다.

시내에 머무는 날 퇴근 후의 일상은 예전과 다르게 아주 단순하다. 먼저 작은 방 하나에 불을 지핀다. 세간살이라고 해야 두어 평 되는 공간에 남편과 내가 들고 다니는 낡은 가방, 옷걸이, 작은 이불장과 화장대가 전부이고 보니 앉은 자리에서 청소를 끝낸다. 샤워를 마치고 나면 어느새 방바닥에 온기가 돈다. 대숲에 이는 바람 속으로 이따금 자동차 소리가 섞여 지나가는 것이 어머님 계실 때의 맛을 지니고 있어 이내 마음이 푸근해진다.

북적대던 본가의 예전 모습은 간데없고 어느새 머리에 서리가 내린 남편과 내가 가끔 밤을 밝히는데 오늘도 그런 날 중의 하루다. 무엇보다 문명의 도구라고는 없는 작은 공간의 고요는 오히려 먼 여행길에서 돌아온 듯 몸과 마음을 편안하게 한다. 이런 날 남편과 나는 부부가 아니라 마치 어린 시절의 오누이 같다. 따끈한 방바닥에 배를 깔고 엎드려 이불을 뒤집어쓴 채 책도 보고, 각자의 노트북을 열어 관심사를 검색하고, 일기도 쓴다. 그뿐만 아니라 전을 부치듯 온돌 바닥에 배와 등을 번갈아 데워가며 낮은 소리로 이야기도 나눈다.

나는 남편과 이야기하기를 좋아한다. 같은 소재를 가지고도 관점과 해석이 서로 다르니 흥미롭기도 하지만 경험치도 달라 대화의 시간에는 풍요를 느낀다. 그것도 무보수로 본인이 가진 것을 몽땅 주고도 아까워하지 않으니 본가에 묵는 날은 또 다른 즐거움이 있다.

이야기하던 남편이 갑자기 조용하다. 어느새 잠이 든 그에게서 외면할 수 없는 세월을 느낀다. 서로의 그림이 되고, 액자가 되어 산 시간을 말해주는 듯 낡고 헐거워진 모습이다. 아내와 자식이란 작품이 가진 의미와 가치가 잘 발현되도록 평생 액자가 되어준 사람이다. 좋은 그림을 그리는 것은 화가이지만 잘 보존하고 가치 있게 하는 것은 다른 사람의 정성과 노력이 들어간 액자다.

우리 부부는 서로의 액자가 되고 그림이 되어 마흔 해도 더 살았다. 젊은 날 남편의 그림인 나는 스스로 겸손했던 기억이 별로 없다. 그때는 액자가 나를 얼마나 빛나게 하는지, 나의 일상을 얼마나 고귀하고 아름답게 하는지 관심조차 갖지 않았다. 내가 액자의 입장이 될 때 역시 나의 역할을 잘하려 하기보다 액자 속의 그림이 스스로 훌륭해지기만을 바란 순간이 많았던 것은 아니었을까.

사실 액자로 사는 일은 고독하고 벅찬 일이며 겸손과 희생이 따르는 일이다. 멀고도 외로운 길이라 문득문득 누구의 위로와 응원이 필요하다. 그런 순간 남편에게 넘치도록 응원하고, 아낌없이 박수를 보낸 일이 얼마나 있었는지 잘 떠오르지 않는다. 왠지 내 일에만 매몰되어 산 시간이 더 많았던 것만 같다. 하지만 사람은 태어나 장성하면 사회의 일원이 되어 각자의 몫을 치열하게 살아야 하는 시기가 있지 않은가. 부끄러워서 나에게도 그때가 '그때'였다며 얼버무리고 싶어진다

지금의 우리 부부는 '그때'를 막 지났다. 유년 시절처럼 다시 세상이 재미있어지기 시작할지도 모른다는 기대가 있다. 요즘은 걸음걸이가 느려지니 아름답고, 감사한 일, 미안한 일

이 보이기 때문이다. 사람이 느긋하게 살아도 불편하지 않다는 것을 남편이 사업을 시작하면서부터 잊고 산 것 같다. 본래 나는 시골 사람이라 소유한 것이 별로 없는 삶을 살았다. 그래서 간소함에 익숙해 있고, 필요에 따라 지혜를 내는 것이 편리하다는 것도 알았다. 시골 사람들은 아이 어른 할 것 없이 융통성이 있다. 그래서 소유 개념보다 활용성의 가치에 무게를 둔 생활 방식을 일찍 배우고 체득했기에 무소유에도 그다지 낯을 가리지 않는 편이다.

이쯤에서 낡고 퇴색한 모습은 부끄러움이 아니라 주변을 살피며 걸어야 하는 시간이란 것을 자각한 것은 행운이다. 인생에서 부모님과 남편, 자식이란 가족을 얻어 삶을 꾸리는 일이 축복이듯이 때를 알고 마음의 준비를 하는 것도 그에 못지않은 의미가 있을 것이다.

삶을 두고 우리는 다양한 의미를 붙인다. 나는 '재미'를 더 보태고 싶다. 경주하듯 달려온 일상이 인생의 모든 것이 되는 일은 급하게 식사를 하는 일과 같다. '재미'의 요소는 즐거움이고, 그 즐거움은 느낌이다. 아무런 느낌 없이 급한 식사를 하듯 인생을 살 수 없는 일이 아닌가.

눈 내리는 밤, 온돌 바닥에 등과 배를 지지다가 퇴색한 그림을 부여안고 잠이 든 낡고 헐거워진 액자를 바라보며 신축년 벽두의 소회를 남긴다.

(2021. 1. 25.)

랄프의 공정

육이오 참전 용사를 소개한 모 일간지의 기사를 읽는 중에 눈물 몇 방울이 속절없이 두둑 떨어진다. “너와 같은 한국의 아이들이 길에서, 물속에서, 진흙 속에서, 눈 속에서 헤매지 않도록 하려고 아버지는 여기 왔다.” 한국의 전쟁터에서 1950년 12월 23일 크리스마스를 앞두고 랄프 몽클라르 씨가 생후 11개월 된 아들에게 보낸 편지 내용의 일부다. 어린 아들에게 보낸 아버지의 크리스마스 선물은 인류애가 아니었나 싶다.

그는 아들이 태어난 지 5개월 되었을 당시 중장의 계급을 중령으로 낮추면서까지 한국전쟁에 참여한 까닭을 밝혔다. 세상의 아이들을 불행하지 않게 하는 일이 아버지들의 의무라는 의미일 것이다. 프랑스의 전쟁 영웅 랄프 몽클라르 씨가 한국전쟁에 참여하게 된 동기에 대한 이야기다. 전쟁이 발발한 후 우리 국민은 많은 시련을 겪었다. 다행히도 국제사회는 고통과 희생을 나누어 덜어주었고, 그들의 헌신과 희생은 헛되지 않았다. 오늘날의 대한민국은 그들도 놀랄 만한 성공을 거두고 국제사회의 중요한 일원이 되었다. 한국전쟁에서 그가 이끌었던 전투는 중공군과 맞서 유엔군이 이긴 첫 번째 전투로 38선을 회복하는 계기가 되었다고 한다.

노인이 된 아들 롤랑 몽클라르는 부친을 기억해 줘서 고맙다고 한다. 그의 늦둥이 아들도 전쟁 영웅의 후예답게 할아버지의 뒤를 이을 장교가 되기로 했다고 한다. 타인을 위한 봉사와 헌신의 가치와 의미의 긍정적인 확장성에 대해 그들은 깊이 신뢰했으며 그 공에 대해서도 겸손했다.

이들의 이와 같은 사고방식을 접할 때마다 '공정'에 대한 올바른 인식이 바탕에 깔려 있다는 느낌을 받는다. 나의 이익을 위해 타인의 기회와 권리를 함부로 하지 않는 사고방식은 그들 의식의 전반에 스며 있다. 전쟁이란 그 무엇도 합리적이거나 공정할 수 없으며 인간에게 최악의 불합리와 불공정의 상황이 된다. 랄프 몽클라르 씨는 목숨을 건 타국의 전장에서 11개월 된 아들에게 '인류애의 방식'을 선물한 것이다. 어느덧 노년에 이른 아들 롤랑 몽클라르 씨의 눈에 비친 오늘날 대한민국의 모습은 아버지가 자식을 사랑한 방식의 결실이다.

요즘 우리 사회의 화두 중의 하나가 '공정'이다. 하지만 젊은이들의 눈에 비친 공정의 본질은 많이 훼손되어 있는 듯하다. 이 말을 뜯어보면 불신을 깔고 있다는 의미로 읽힌다. 상황에 따라 쉽게 변하는 정치인들이 마음보다 입술에 묻어 있는 정치 슬로건 정도로 여기는 분위기가 되고 있다. 공정이란 말하기는 쉽지만 실천하려면 수많은 난관이 있다. 배려와 희생, 그리고 헌신이 따르지 않고는 불가능한 일이다. 이런 현상이 가장 눈에 잘 띌 수 있는 집단이 정치인 집단이다. 그들의 일거수일투족을 따라다니는 카메라와 마이크는 시시각각 국민에게 고자질까지 해댄다. 피할 길 없는 거의 폭력에 가까운 언론의 권력이다.

그러함에도 불구하고 어느 정치인이 현 정권 초기부터 불공정으로 물의를 일으켰다. 사안의 경중을 떠나 그의 비상식이 여론에 불을 붙인 셈이다. 부정한 방법으로 타인의 기회를 빼앗은 일을 가볍게 여긴 것이다. 더구나 그는 교수로 재직하던 시절, 공정과 정의가 흔들리는 사회를 향한 촌철살인의 풍자로 젊은이들의 속을 풀어주었다. 그러던 그도 부모의 입장이 되어서는 훌륭한 능력을 달리 사용했다. 자녀들에게 여기저기 황금 사다리를 만들어 주었다. 결코 일반적일 수 없는 그의 처사는 민심 이반의 빌미가 되었고, 선거 참패로 이어졌다.

파장은 생각보다 큰 듯하더니 급기야 30대가 제1 야당 대표까지 되는 상황이 벌어졌다. 정치 문법이 바뀌었을 뿐만 아니라 2대 8 머리 모양의 점잖은 중량급 정치인은 잘 나서지 않고, 아직 물기가 남은 '덮머리'의 기운이 설핏한 청년이 그 자리를 메우기 시작했다.

요즘은 눈만 뜨면 언론 매체에서 '공정'이란 말로 떠드는 것을 접한다. '아니, 우리가 이처럼 불공정한 사회에서 살았구나!' 나도 새삼 놀란다. 지나온 시간을 되짚어 보니 불공정 때문에 늘 내가 거둔 과실 역시 빈약하기 짝이 없었다. 그 까닭을 개인의 능력과 노력이 미치지 못한 탓으로 돌리며 잠을 줄여가면서 애쓰지 않았던가. 삶이란 어쩔 수 없이 완벽하게 꾸릴 수 없는 모순을 가지고 있다. 하지만 이제는 불공정을 막기 위한 합의된 최소한의 장치는 있어야 한다는 의미의 소리일 것이다.

그동안 '열심히'와 '노력'이라는 정체성이 모호한 개념으로 정당한 권리가 가려진 상황에서 기성세대는 일개미처럼 살았지만 젊은 세대의 계산법은 달랐다. 정직하고 명쾌함이 내재되어 있는 공정과 정의를 담보로 자신들의 노력을 제공하고 정당한 권리를 누리겠다는 것이다. 나는 지금 일고 있는 변화의 큰 파장을 두려워하기보다 새롭고, 신선한 느낌으로 바라보고 있다.

아들이 독립한 후 줄곧 남편과 둘이 살아온 시간이 길다 보니 세상을 읽는 방식은 지극히 상식적인 것의 일부일 뿐이다.

나름 노력은 하지만 요즘처럼 공적인 매체를 통해 살아 있는 청춘의 말을 많이 들어본 기억은 없다. 나이 들어 좋은 점은 이해의 폭이 넓어지는 것이란 말을 실감한다. 그들의 말을 이해하고 공감할 것 같기 때문이다.

그래서인지 요즘은 자연스럽게 그들의 말에 귀를 기울이게 된다. 자신들을 중심으로 고민하고 세상을 바라보는 것 같지만 스펙트럼이 상당히 넓다. 젊은이들이 펼칠 세계의 다양성과 에너지를 생각하니 가능하다면 그들의 미래를 보고 싶은 충동마저 인다.

정권의 실정이나 특정인의 공정 파괴 행위가 역사의 물줄기를 바꾸는 데 일조한 부분도 있지만 큰 변화는 그 시대를 사는 수많은 사람의 에너지가 작용하는 것이다. 우리는 역사의 변곡점마다 상처를 주고받으며 대가를 크게 치렀다. 그런 희생 위에 세워진 대한민국이 지금 또다시 의미 있는 시험대에 올라 있다. 우리는 아주 정교하고 지혜롭게 미래를 열어야 한다.

단문을 즐겨 쓰고, 자신들의 생각을 명쾌하게 전달할 단어를 AI 못지않게 정확하고 빠르게 세상에 꽂아대는 청춘이 움직이기 시작했다. 기성세대의 지혜와 노련함이 그들의 말을 진지하게 해석하고 공정한 시대의 문법을 함께 만들어야 할 것이다.

칠십일 년 전에 전쟁 중인 동쪽 어느 나라의 아이들에게 보호받고 사랑받을 권리와 공정한 기회를 보장하기 위해 목숨을 걸었던 프랑스 군인 랄프 몽클라르 씨. 인류애 속에 흐르는 그의 숭고한 부정父情은 인간 사회의 불공정을 막기 위한 최소한의 장치가 아니었을까 싶다. 하지만 인간의 위대한 노력에도 불구하고 끊임없이 일어나는 갈증에는 운명적으로 공정의 본질을 흔드는 모순이 녹아 있는 듯하다. 그러기에 변화의 풍랑이 올 때면 두렵고 설레나 보다.

(2021. 7. 12.)

강제된 20퍼센트

초가을 밤에 재킷 한 장 걸치고 마을 길을 나선다. 어둠 속에 존재하는 검은 빛이 발목까지 차오른다. 벌레들의 사랑가에서 배어나는 간절함의 농도가 엄밀하고, 걸쭉하여 연인을 만나러 가는 길 같다. 하룻밤의 인연을 찾으려는 노래가 풀숲이나 계곡, 습지와 돌 밑에서 뭉글뭉글 밀려 나오고 있다.

마을 끝자락에 이르자 올봄 코로나19 때문에 홀아비가 된 남자의 집에 불이 켜진 채 자동차만이 덩그러니 있다. 나는 가던 길을 더 가지 못하고 돌아서 오던 길로 걷는다. 홀로된 남자의 외로움이 전염될까 봐 두려워서인지도 모르겠다. 모든 생명체가 겪는 혼자만의 길을 그는 비교적 젊은 나이에 걷고 있다. 매정하게도 여자는 그렇게 혼자 먼저 떠났다.

손전등을 켰다. 길 위에 눈길을 두고 느리게 발걸음을 옮겼다. 객사한 생명체가 즐비하다. 가을밤의 진풍경 중의 하나다. 모두 가보지 않았던 길을 가다 주검으로 흔적을 남겼으리라. 모순되게도 산 자의 활기가 어둠에 묻힌 죽음 사이로 분주하다. 일개미들의 야간 단체 노동 현장이다. 그들을 따라가 본다. 누가 먹다 버린 천도복숭아 한 조각에 개미 떼가 뒤덮여 있다.

뜬금없이 개미의 2:6:2의 법칙이 떠오른다. 어느 집단이나 20퍼센트의 최고와 보통의 60퍼센트 20퍼센트의 게으른 무리로 구성되어 있다고 한다. 현재 내 눈앞의 이 무리가 부지런한 20퍼센트의 개미들인가? 곧 세상이 끝날 것처럼 밤을 잊은 채 일하는 20퍼센트의 사람과 같지 않은가. 가본 적 없는 혼돈의 길이지만 혼신의 힘으로 가고 있는 개미를 통해 20퍼센트의 인간을 본다. 오늘밤 만난 일개미에 투영된 사람의 최근 존재 방식이 낯설게 다가온다.

코로나19 사태로 변화된 환경 속에 많은 사람이 강제로 게으른 20퍼센트에 편입되었다. 당사자는 열심히 일하는 것 같지만 방식이 시대와 맞지 않으니 당연히 효율성은 떨어지고 급기야 후미 그룹에 머물 수밖에 없는 처지가 된다. 천성이 게으르지 않아도 하위 계층으로 추락하는 재앙을 맞았기에 더욱 혼란스럽다. 조금 전 천도복숭아의 위치를 살짝 옮겼을 때 우왕좌왕하던 일개미처럼 당황해하며 그들은 새 시대에 필요한 일을 찾는 데 어려움을 겪고 있다. 우물쭈물하다 뒤처지게 된 것을 깨닫고 놀란 어느 자영업자는 스스로 생을 마감했다. 많은 이가 동병상련의 정을 느끼지만 남은 자들 또한 비책을 마련하지 못한 이가 한둘이 아니다.

모든 생명의 행로는 가보지 않은 길이다. 이 상황이 어떤 이에게는 흥미와 기대, 설렘으로 잠을 설칠 만큼 호기심을 갖게도 하지만 누구에게는 두렵고 불안하다. 그뿐인가. 수레의 짐을 조금씩 내려놓아야 하는 시기에 다다른 이는 품격을 잃지 않고 완주하고자 하는 소망이 있다. 하지만 코로나19 사태는 많은 사람에게 수레의 짐을 덜어내는 계획과 방식을 쓸모없게 만들었다. 모든 길이 미지의 세계라 하지만 두 해에 걸쳐 더 싣지도 덜어내지도 못한 채 수레를 끌고 있는 나도 갑갑하기는 마찬가지다.

현실에 초연한 척, 형이상학적 존재인 척하지만 먹고사는 일이 문제인 현실은 결코 고상할 수만 없는 형이하학적인 존재임을 부인할 수 없게 만든다. 생존의 고리가 모든 생명과의 연결체라는 사실이 요즘처럼 명징하게 드러났던 적은 없었다. 낯선 길 위에서 주변이 웅성거려 눈길을 돌리면 그들 또한 나와 비슷한 강제된 게으른 20퍼센트에 속하게 된 사람이 많다.

낯선 상황을 만나자 사람의 눈에 비치는 풍경을 읽는 방식도 조금 삐딱한 게 사실이다. 코로나19 사태 전의 추석 연휴엔 해외여행을 떠나는 인파들이 공항을 메꾸었다. 연휴가 주는 휴식의 각별한 맛에 상기된 표정으로 가족이나 친구, 연인들 사이엔 더할 수 없는 친밀감이 넘치는 표정이었다. 그러나 지금의 추석 풍경은 다르다. 코로나 사태 이후 두 번째로 맞는 추석에 정부에서는 국민에게 '코로나 상생 국민 지원금'이란 것을 주었다. 다수의 사람이 그 돈으로 해외여행 대신 정육점 앞에 줄 서서 고기를 사는 모습이 매스컴에 등장했다.

국민은 순식간에 형이하학적인 집단이 되어버린 듯했다. 사람들은 갑자기 왜 고기에 대한 시장기를 느꼈을까. 이처럼 낯선 풍경 속으로 자연스럽게 일원이 되는 과정에 경험하는 결핍의 심리와 시장기는 인간이 난관을 견딜 만한 인내심을 키우기 위한 모종의 절덕인가. 황낭한 이 현실은 과거도 미래도 아닌 이 시대를 사는 사람들에게는 진정 낯선 시간이다.

밝은 미래를 향한 출구가 불확실한 터널에서 감당하기 버거운 시간이지만 나를 겸손하게 만드는 듯도 하다. 육신과 나이의 괴리감을 부정하면서 날뛰던 일이 웃자란 나뭇가지 같았다고 생각하니 오히려 마음이 가라앉는다. 부풀어 있던 나의 현실과 의식이 제 모습을 드러낸다. 지금 마주하는 시간이 어제의 낯선 미래다. 우리가 걸어가는 방식은 어느 순간에 공업共業의 결과로 다가오는 환경은 모두에게 난파선이 될 수도 있다. 코로나는 그러한 재난이다. 무심하게 누렸던 과한 호사의 대가일 수도 있다.

20퍼센트의 강제된 게으름의 행로에 짐작하기 어려운 귀한 교훈이 있을 것 같지 않은가. 이 지점에서 '복희씨의 팔괘'*를 해석하듯 자연을 읽는 독서법에 관심이 간다. 만약에 바람의 방향과 기운, 냄새만 읽을 수 있어도 가보지 않은 길 위의 걸음은 그다지 흔들리지 않을 것이다.

(2021. 10. 8.)

* 복희씨의 팔괘: 복희는 삼황오제의 첫머리에 꼽는 중국 고대의 전설상의 제왕으로 자연계 구성의 기본이 되는 하늘 · 땅 · 못 · 불 · 지진 · 바람 · 물 · 산 등을 상징하는 팔괘를 만들었다.

나도 멋져요

자신이 멋지다는 생각을 가끔 할 수 있다는 것은 정말 근사한 일이다. 자존감지수가 사정없이 올라가는 날이다. 그런 날은 나무와 꽃 색이 다르게 보인다. 일상이 투명하고 경쾌하게 다가와 그냥 신이 난다. 만나는 사람들은 모두 훌륭한 소우주로 보여 경배하고 싶다.

며칠 전 오랜만에 단골손님이 가게에 들렀다. 아이가 셋이나 되는 워킹맘이라 늘 바쁜 사람이라는 게 말하지 않아도 훤히 보여 그녀가 오면 내가 먼저 서두르게 된다. 올해 막내까지 학교에 들어갔다고 하더니 모처럼 여유가 있는지 이번에는 이런저런 이야기를 한다. 청바지와 티셔츠에 운동화 차림, 고무줄로 머리를 질끈 동여맨 모습에서 오히려 단단해진 자신감과 안정감이 느껴졌다. 진정성 가득한 그녀의 말과 행동은 소박한 겉모습과 조화를 이루어 은근한 매력을 풍긴다. 어느새 나는 그런 분위기에 동화되어 함께 즐거웠다.

그녀는 삼 년 전부터 한 달에 한 번쯤 찾아오는 고객이다. 네덜란드 사람으로 한국의 청년과 결혼하면서 이곳에 정착하게 되었다고 한다. 아이가 셋인데 둘은 손을 잡고, 막내는 처네를 한국식으로 둘러서 업고 우리 매장을 찾던 모습이 한국의 여느 엄마와 같아 정감이 갔다. 그뿐만 아니라 검소한 소비습관이 몸에 배어 있었으며, 절제된 그녀의 언행은 구름 사이로 언뜻언뜻 보이는 밝은 달인 듯 풍기는 이미지에서 고상함이 엿보였다. 하지만 그런 사람일수록 속내를 조금 보이면 그것이 강한 흡인력을 발휘할 때도 있다.

내가 네덜란드 댁에게 자리를 깔아준 셈이긴 하지만 오늘 그녀도 무척 달떠 있었다. 평소 마음속에 궁금한 게 있었던지 나는 무심결에 호구조사를 시작하고 말았다. "남편은 무슨 일을 하세요?" 아뿔싸! 무슨 일을 하는지 알아서 어쩌려고? 왜 그것이 궁금한 건가? 짧은 시간이지만 민망한 마음에 스스로 자책하고 있는데 그녀는 함박꽃처럼 웃으며 자신은 대학교에서 수학을 가르치고 있으며 남편은 외국기업의 한국 책임자라고 했다. 한술 더 떠 "우리 남편 멋져요. 그리고 우리 시어머니 참 좋아요." 그게 끝이 아니었다. 마무리 한마디가 더 있었다.

"나도 멋져요."

내 기억 속에 자신을 멋지다고 말한 사람은 없는 것 같다. 환한 표정으로 스스로 멋지다니. 그녀가 말하는 멋의 의미가 궁금하다. 사실 멋이라는 개념은 내용이 단일한 것도 아닐 뿐만 아니라 불분명하다. 그래서인지 멋은 비교적 광범위하게 표현할 수 있다. 예술품이나 사람, 자연이나 조형물, 일의 성과나 기타 생명체의 특이점 등에서 생각보다 폭넓게 접한다. 다소 주관적인 느낌일 수 있겠으나 품격을 갖춘 어느 대상을 마주할 때 자연스럽게 흘러나오는 감동의 정서가 담긴 말이다. 그녀는 자신의 어떤 면이 멋있다고 여기는지 모르겠지만 내가 보기에도 흔하지 않은 멋진 사람으로 보였다. 나 역시 스스로 괜찮은 사람이라는 생각이 드는 날은 행복지수가 살짝 올라가는 듯하지만 이내 마음속 허풍은 사라지고 만다. 스스로 멋지다고 여기는 일은 쉽지 않다.

그녀를 만날 때마다 받는 외형적인 인상은 모딜리아니의 목이 긴 여인의 초상화를 보는 듯하다. 식물로는 이른봄 깊은 산 반그늘에서 만난 매혹적인 얼레지를 떠올리게 한다. 그림의 해석이나 식물의 꽃말과는 무관하게 눈에 들어오는 모습은 시원하고, 수수한 이미지 속에 은근한 품격이 느껴지는 사람이다.

네덜란드에서 성장해 한국문화 속에서 제2의 인생을 꽃피우고 열매를 다는 과정의 삶은 쉽지 않은 일이다. 하지만 그녀의 말처럼 '나도 멋진 사람'이란 자긍심을 가질 수 있다면 개인적으로는 최고의 선이 아닐까 싶다. 결과는 다르게 스스로에게 진정으로 멋질 수 있는 삶의 여정은 진실한 일상이 담보되어야 하기에 더욱 그녀의 시간에 찬사를 보내고 싶다. 진심을 담은 삶이란 당사자만이 아는 일로 때로는 양심이란 놈이 주는 곁눈길에 주눅이 들기도 한다. 하지만 용기를 잃지 않고 자신이 추구하는 가치를 실현하고, 그것을 누린다면 그녀 말처럼 '나도 멋진 사람'의 반열에 당당히 오를 수 있을 것이다. 부럽고 아름다운 사람이다.

현재 그녀의 입장은 마흔 즘의 나와 비슷한 점이 많을 때다. 일과 육아, 미래를 향한 끊임없는 욕구 등이 그렇다. 이 시기는 성취와 기쁨 못지않게 고단함과 갈급증이 혼재되어 심리적 부담도 가볍지 않다. 하지만 그녀는 상황에 따라 자신의 생각을 표현하고 전달하는 방식이 솔직하고 담백해 보였다. 부정적인 감정을 다음으로 끌고 다니지 않는 듯 매사가 명쾌하다. 일상의 행간에 무겁고 습기가 있는 감정은 부지런히 치움으로써 자신을 고귀하게 만들어가고 있는 것 같았다.

스스로 나 자신이 멋지다는 말을 타인에게 해본 적이 없다. 가끔 어렵게 작은 목표를 성취했을 때도 혼자 마음속으로 '나 꽤 괜찮네.' 정도였다. 그 정도로도 잠시 나는 우쭐이가 된다.

멋이란 한 사람의 내외면의 살이가 끊임없는 발효의 시간을 거쳐서 향기를 발산하는 일이라 생각한다. 이것은 네덜란드 댁이 부럽고 예사로 보이지 않는 이유이기도 하다.

세상에 멋스러운 것이 널려 있어도 멋진 사람이 아니라면 진정한 멋을 발견하지 못할 것이다. "나도 멋져요."를 생략했다면 그녀의 남편은 궁금하지 않았을지도 모른다. 멋진 여자와 사는 그 남자 퍽 괜찮을 것 같다.

(2022. 4. 18.)

빈자의 뜰

지구에서 단 하나뿐인 아름답고 풍요로운 꽃밭을 가졌다면 부자라고 할 만하다. 그러나 꽃밭의 배경이 되는 주변 환경과 저마다의 가치관에 따라 부자의 의미는 많이 달라질 수도 있을 것이다. 네댓 평 남짓한 토굴과 겨울 준비로 장작 몇 아름만이 꽃밭의 배경이 될 뿐이라면 사람들은 주인을 부자라고 할 수 있을까. 우리 사회는 이미 너무 많은 것들로 채워진 지가 오래되었기에 국어사전에서조차 "재산이 많은 것"이란 요지로 부자를 정의하고 있다.

그럼에도 나는 지난 11월 초에 가난한 듯하지만 맑은 부자의 정원을 볼 수 있었다. 아침 산책길에 토굴에서 공부하는 스님과 우연히 만난 덕분이다. 그곳에서 지낸 지 십 년이나 되었다고 했다. 내가 사는 곳에서 거리가 그리 멀지 않았으나 첫

대면이었다. 산마을이라는 곳이 골짜기가 다르고 울창한 숲에 가려져 있으면 지척인 듯해도 서로 모르고 지낼 수가 있다는 사실에 놀랐다.

토굴 앞에는 축담과 툇마루, 묵은 장독이 친구처럼 옹기종기 다정하고, 아침에 팬 듯 속살 고운 장작은 수행자의 살이 모습 그대로였다. 나뭇등걸로 장만한 작은 툇마루는 동향으로 앉아 있어 일출과 월출을 맞이하기에 그만이다. 그 앞에 우뚝한 당단풍 나뭇가지는 새와 바람, 구름이 잠시 머물다 가기에 좋아 보였다.

반 평이 될까 말까 하는 꽃밭에 물기 빠진 열매 몇 송이를 단 오가피나무가 동안거에라도 든 듯 나뭇가지에 서린 형형한 기운이 예사롭지 않았다. 마른 풀 향이 짙은 땅 위에 키 작은 꽃도 잘 영근 씨앗의 무게에 못 이겨 널브러져 있었다. 꽃이라고 해야 바랭이와 토끼풀, 쑥과 구절초, 쑥부쟁이, 되바라진 질경이 등이다. 속세에서는 이들을 뭉뚱그려 그냥 풀이라고 부른다. 마음의 창을 열면 단출한 스님의 꽃밭에 세상의 화두와 깨달음이 모여 있는 것이 보일 듯하다.

2020년 사람 사이에 가장 많이 회자된 말은 '코로나'와 '격리'로 인류 공동의 화두가 아니었나 싶다. 이 단어는 수많은 불편과 부자유를 번식하고 질서를 흔들었으며 공포를 잉태했다. 거기에서 파생된 몇 가지를 더 추려보면 불경기와 물가,

거리 두기 등이다. 엎친 데 덮친 격으로 장마와 태풍까지 왔다. 불편한 이들의 배경은 기후변화이며, 그 중심에 인간의 이기적인 삶의 행태가 일조하고 있다는 점은 인류의 공업共業으로 인식하고 있다. 이런 상황의 인과 관계를 유추하다 보면 우리는 유구무언有口無言이란 한마디로 정리해 버리고 싶은 충동에 사로잡힌다.

그렇게 잘라버린다고 풀릴 문제가 아니다. 코로나19 때문에 사업하는 이는 직격탄을 맞고, 태풍과 장마 때문에 농사 또한 그르치고 말았으니 사람들은 그야말로 기가 막힌 상황에 놓인 것이다. 가슴속도 쑥대밭이 되었다. 엄밀히 말하면 이것은 '누대에 걸친 우리 모두'의 업보지만 이 말에 동의하고 싶지 않은 것이 사람의 심리다. 이제 더는 외면할 수 없는 너덜너덜해진 생태 환경의 폐해를 코로나19란 이름으로 만난 셈이다.

누구를 탓하기 전에 당장 그 피해의 대상은 지구촌의 수많은 사람이다. 이 문제의 답을 어쩌면 우리는 토굴 앞의 작은 꽃밭에서 찾을 수 있을지도 모른다. 토굴 앞의 작은 화단이 큰 변화를 위한 작은 변화의 모티브가 되기에 충분하지 않을까. 왜 우리는 소박한 것들의 매력에 둔감할까. 작은 것들이 가진 힘을 왜 무시하는 걸까. 그들이 가지고 있는 눈부시는 아름다움은 왜 보이지 않는 걸까.

그들의 자리에 사람의 욕심이 선택한 것들로 채워 온 무생물 같은 역사가 너무 길었다. 크고 화려한 것들, 그들의 특성은 무시한 채 새롭거나 편리하고 편한 것들로 가득 채우는 일이 습관으로 굳어졌다. 사람들은 산속에까지 들어와서도 도시의 꽃집에서 꽃을 사다 심고 정원을 꾸미느라 처음 산속으로 들어온 목적을 잊어버리기 일쑤다. 고샅길까지 포장하고 산속까지 자동찻길을 닦는다. 이런 행위는 무수한 생명체에 대한 폭력이 수반될 수밖에 없다. 인간 중심적으로 오랫동안 살아온 습관을 버리지 못하기 때문이다.

요즘 들어와 환경 문제를 걱정하는 사람들이 부쩍 많다. 한참 이야기를 나누다 보면 어느 곳에 살든지 어떤 일을 하든지 생태주의를 추구하는 것 같은 인상을 준다. 이쯤에서 우리는 구호보다 현실성을 제고한 방식과 실천을 위한 작은 정신 운동이 필요하지 않을까 싶다. 이를테면 현대인이 갖추어야 할 교양의 덕목과 가치관의 변화 같은 것일 수도 있다. 이는 백 사람의 환경운동가보다 한 사람의 소박한 생태주의적인 삶이 현실적인 대안에 가까울 것이기 때문이다.

교양이란 시대의 가치관을 담고 있다. 그렇다면 이 시대의 교양인은 생태주의에 관한 소양을 갖추는 것이 될 수도 있을 것이다. 부의 척도 또한 생태주의에 기반을 둘 때 높이 평가되는 패러다임이 필요하지 않을까 한다. 이는 작지만 큰 변화를 위한 중요한 가치가 될 것이다.

세균은 숙주를 매개체로 하지만 숙주와 공생하는 경우가 드물다. 홍역이나 천연두처럼 둘 중 한쪽이 죽어야 끝나는 유행성 전염병의 역사를 봐 오지 않았는가. 코로나 사태가 주는 메시지는 '불필요한 것을 줄여 조금은 불편하고, 조금은 부자유한 삶'인지도 모른다. 의미 없는 소유에 몰두하느라 많은 것을 누리지 못하는 현대인에게 꽤 까다롭고 무거운 화두인 코로나19는 한동안 진행형으로 무소유의 미덕을 강요할 것이다.

생태주의는 구호용이거나 의식 있는 사람들의 사상을 장식하는 용어가 아니다. 모든 생명체가 공존할 수 있는 배려의 말이다. 이웃의 과수원에서 농약을 조금만 줄여준다면 나는 큰 배려로 여기며 그분을 생태주의자라고 칭송할 것이다. 농약에 견디지 못한 노린재가 떼로 몰려와 내 텃밭을 거덜내는 일이 줄어들 것이기 때문이다. 덕분에 고추는 평상 위에서 구월의 선홍색 선정에 드는 기쁨을 누릴 수 있을 것이다.

맑은 부가 어찌 산속 '토굴 어른'의 전유물일 수만 있겠는가. 산마을 이웃 골짜기에서 '빈자의 뜰'을 만나고부터는 자연이 내 편이라도 된 듯 든든하다.

(2020. 11. 9.)

제2부

청춘에서 빠졌던 문장

축제보다 축제를 구경하는 행렬을 보는 것이 더 재미있을 때가 있다. 석 달에 걸쳐 보기 드물게 국민의 관심이 뜨거웠던 모 방송사의 예능 프로그램에 관한 이야기이다. 최고의 트로트 가수를 뽑는 음악경연 대회였는데 어디를 가든지 일주일에 한 번 벌어지고 있는 이 대회가 화제였다. 방송을 놓친 날은 주변 사람들과의 대화에 끼지 못할 정도인 기이한 현상이 더 흥미로웠다. 그 진풍경 속에 나도 있었다.

TV가 시간 도둑이던 시절이 있었다. 주부들에게는 집안일을 미루게 했고, 학생들에게는 숙제를 미루게 했고, 어린이들은 밥숟가락을 든 채 영상에 시선을 고정하기 일쑤였다. 지식과 교양, 드라마와 스포츠, 다양한 분야의 다큐멘터리는 물론 지방과 국제사회의 정보를 망라한 뉴스 등을 알려주는 역할을 가장 먼저 한 영상매체이기 때문이다.

하지만 근래에 들어와 공영방송의 시청률이 한 자리 숫자에 머무는 수난을 겪고 있다. 그 이유가 여럿 있겠지만 필요한 정보를 손바닥 안으로 불러와 소통과 공유를 자유롭게 하는 스마트폰의 등장이 가장 큰 영향을 미쳤을 것이다. 무궁무진한 기능과 무엇보다 쌍방향 소통이라는 탁월한 소통방식이 탑재되었다는 것은 관심을 끌 수 있는 큰 매력이다. TV는 이처럼 앞서가는 과학의 발달과 시청자들의 변화된 욕구를 미처 충족시키지 못해 외면을 받던 차에 '시청자와의 공감'이란 최고의 명제를 성취한 음악경연 프로그램이 탄생한 것이다.

심야의 방송임에도 시청률이 30퍼센트에 육박할 만큼 인기를 누리다 최고 시청률을 35.7퍼센트까지 끌어올렸다. 안방에 앉아 고급스러운 쇼를 보는 맛에 시청자들은 이 프로그램이 방송되는 날을 기다렸다. 출연진들은 십 대에서 사십 대까지의 남성인데, 유소년부와 신동부, 그리고 직장부와 현역부, 타 장르부로 나뉘어 있다. 노래는 물론 출연자들의 출중한 재능과 다양한 이력은 노래에 맛을 더한 풍성한 무대로 꾸미기에 충분했다. 기성 가수들에게서 보지 못한 신선함은 트로트에 대한 이미지 변화를 불러왔다. 어느 원로 가수는 트로트의 '확실한' 세대교체라고도 했다.

나에게는 십 대에 누릴 법한 놀이와 대중문화의 추억이 없다. 학교와 집, 일에 묻혀 사느라 나도 모르는 사이에 어른이 되었기 때문이다. 감수성이 예민한 시기에 맞는 정서와 대중문화의 경험이 내 인생에서는 빠져 있다. 특히 춤과 노래가 어우러진 공간에서 친구와 놀아본 경험이 없었던 것이 지금도 결핍과 아쉬움으로 남아 있다. 그래서인지 가요 한 곡도 멋스럽게 부르지 못할 뿐만 아니라 세상의 재미없는 사람 쪽에 속한다. 그러니 자연스럽게 나란 사람은 흥이란 것이 없는 사람인 줄 알고 지내던 터다.

늦바람이 무섭다는 말이 있다. 화제의 프로그램 〈내일은 미스터 트롯〉을 보자마자 시쳇말로 '금사빠' 현상이 일어났다. 경연이 거듭될수록 재미뿐만 아니라 관심의 폭도 넓어졌다. 무엇보다 직설적인 노랫말의 어감에 묻어 있는 우리 정서의 맛은 가히 일품이다. 차진가 하면 달콤하고 부드럽다. 또한 걸쭉한가 하면 구수하고 칼칼하다. 무대 위의 경연 참가자들은 어절마다 씹어 맛을 음미하듯 맛깔나게 리듬을 탔다. 방청석의 관객들과 심사위원들까지 한 덩어리가 되어 발화發火하고, 녹아내리기를 반복했다. 모두가 청춘이었다. 그 속에 흥과 한의 무늬에 자연스럽게 반응하는 내 청춘의 문장도 소환되었다.

새벽 다섯 시에 출근하는 사람이 자정을 넘겨 가면서 TV 앞에 앉아 있었더니 급기야 아침에는 코피까지 쏟았다. 과연 이런 현상은 왜 일어나는 걸까? 새로운 스타가 풍년이다. 갑자기 신흥 스타들에게 팬덤이 형성되고, 문화평론가는 무명이었던 그들을 숨어 있던 보석으로 평가하며 특징을 분석한다. 나도 그들의 기사와 다양한 정보에 귀를 기울인다. 흥미로운 것은 그들이 드러나지 않을 때는 우리와 유사한 일상을 살았고, 뒤 집 아들이거나 손자였으며 오빠, 동생이었다. 다만 그들은 꿈을 놓지 않고 지금의 자리까지 온 것이 다르다. 대중은 그들을 알아보고 하룻밤 사이에 기꺼이 영웅으로 옹립했다. 우리는 어쩌면 자신도 모르게 영웅이 필요했던 것은 아닐까.

트로트는 일제강점기 때 생겨났다. 서양음악 폭스트롯과 일본 엔카의 영향을 받아 우리의 정서에 맞는 음악 장르로 자리매김한 지 백 년 가까이 되었다. 그 후 한국전쟁과 산업화 시대, 민주화 시대를 거치면서 우리 민족의 굴곡진 삶에서 새로운 힘이 필요할 때마다 들불처럼 일어나 위로를 주었다. 대중예술의 한 장르로서 부정하지 못할 트로트의 힘은 노랫말에 고스란히 스며 있다.

이번 경연 프로그램 중에도 '작곡가 미션'이 있었다. 결승에 오른 사람에게 주어지는 신곡을 부르는 일이다. '역전인생', '딱풀', '찐이야' 등의 신곡에는 현대사회의 메시지가 담겨 있었다. 그중에 '찐이야'의 '찐'은 진眞의 센소리로 '진짜'라는 뜻을 가진 인터넷의 은어라고 한다. 경쾌한 리듬과 상당히 직설적인 노랫말로 구성된 진정한 사랑을 고백한 노래다. 이 곡은 발표되자마자 각종 음원 순위에 진입했다. 아이들을 비롯한 다양한 계층의 사람들이 흥얼거리고, 모처럼 젊은이들의 차에서도 스피커 볼륨이 높여진 것을 자주 목격했다.

때마침 몇 년 전부터 계속되고 있던 불황에 코로나19 바이러스가 중국 우한에서 시작되어 우리나라는 물론 지구촌을 뒤덮고 있었다. 한국은 2월부터 5월 초까지 전쟁 못지않은 참화를 겪었다. 국민 모두가 사회적 거리 두기와 자가 격리 수준의 일상으로 전환되었다. 생명체가 뿌리내릴 수 없는 무중력 세계로 옮겨놓은 듯 불안한 상황을 견디는데 트로트 음악경연은 큰 위안이 되었을 듯하다.

나는 흥과 한이 교직된 트로트에 서너 달 동안 기방을 출입하는 건달보다 더 빠져 지냈다. 돌아보니 국가재난 수준의 어려움 속에 나 역시 직격탄을 맞으면서 심리적으로 위로가 필요했던 것 같다. 환란 속에서도 꿈을 믿고 희망을 노래하는 사람들이 있다. 다만 그쪽으로 바라보는 사람만이 그것을 볼 수 있을 것이다. 그곳에 내 인생에서 누락되었던 청춘의 문장도 있었다.그 문장 속의 코피 쏟던 열정을 토네이도가 지나간 듯 허허로운 가슴이 기억해주길 바란다.

(2020. 5. 9)

낭만 할머니

치과의 환경은 기계적이지만 정갈하고 위생적인 동시에 매우 정적이란 느낌이 든다. 하지만 병원에서 치료를 받는 일은 의료진이나 환자 모두가 긴장할 수밖에 없으니 나도 넝날아 정숙과 긴장이 혼재된 분위기에서 차례를 기다린다.

일흔을 앞두고 있다. 예전과는 다르게 생존 연령이 높아져 나는 치아 점검에 들어갔다. 임플란트 몇 대 심기와 상한 이의 치료를 시작했다. 그래도 육십 대인 지금이 칠십 대일 때보다는 견디기가 나을 듯싶다. 임플란트는 인공 치조골이 필요할 경우는 더욱 부담스러울 것만 같다. 오늘의 치료 계획도 치조골 이식이다.

나도 모르게 기가 꺾여 앉아 있는데 출입문이 열리면서 꽃잎처럼 고운 할머니 한 분이 들어섰다. 등에 울러맨 주황색 배낭이 마치 능소화로 꾸민 꽃 지게 같다. 예약 시간에 맞추어서 오신 것인지 위생사는 곧 할머니 순서임을 알린다. 그때 노인은 손짓으로 그녀를 불러 배낭 속의 꾸러미 하나를 건네주었다.

"어젯밤에 집 뒤에서 알밤 떨어지는 소리가 나길래 오늘 뒷산에 가보니 밤이 제법 떨어져 있어서 좀 주워왔다. 삶아서 쉬는 시간에 선생님하고 갈라묵어라."

순간 할머니의 말씀은 가을날 낮은 산자락에서 찰나에 늙어버린 정갈한 소녀가 알밤을 줍는 한 폭의 풍경화로 다가왔다. 노인은 얇아진 가을 햇살을 받아 반짝이는 알밤을 따스한 손에 한 알 두 알 모으며 치료받던 병원의 의료진을 생각했으리라.

병원 대기실은 갑자기 생기가 돌고, 얼굴을 가린 마스크* 위의 눈망울들은 감탄사 같은 하트를 쏟아냈다. 모두 밤나무 아래 앉은 듯 알밤 이야기를 한다. 밤꽃 향기와 윙윙거리는 벌떼 소리, 시원한 매미 소리까지 까칠한 밤송이 속에 앉았던 알밤에 빠짐없이 담아왔으니 뜻밖의 낭만적인 가을 선물을 받은 셈이다. 노인은 가을 이야기를 몰고 와서 경직된 병원 대기실에 풀어놓고 치료실로 들어갔다.

* 마스크: 코로나19 상황으로 전 국민이 자가 이외의 공간에서는 마스크를 착용해야 했다.

피로감에 싸인 우리 사회는 꽤 오래전부터 낭만이 그리웠는지도 모른다. 큰 규모의 공장과 고층 아파트 문화는 부의 상징이기도 하지만 그 이면에는 개인의 자유를 담보하고 있다. 사람들은 부의 노예가 되는 일을 하면서도 경직되어가는 사회의 흐름에서 벗어나는 일을 꿈꾸고 있었던 게 아닌가 싶다. 언제부턴가 중년을 넘기기 시작했거나, 아예 젊은데도 전원생활을 꿈꾸는 사람이 많아졌다는 것은 도시 생활에 찌든 영혼의 해방을 통해 개인의 감성에 충실한 삶을 추구하고 있음을 짐작할 수 있다.

치과는 그다지 크지 않는 공간이지만 잠시도 긴장을 풀 수 없는 곳이기도 하다. 현대사회는 이같이 긴장감 도는 크고 작은 단위의 공동체로 구성되어 있다. 도시의 이곳저곳에서 안전에 대한 표어를 쉽게 볼 수 있는 것도 어디엔가 위험이 도사리고 있다는 의미이기도 하다. 이는 사람들에게 끊임없이 긴장을 요구하며 자유를 구속하고 있다는 방증이기도 하다. 이럴수록 사람들은 말랑하고 부드럽고 따스한 세상을 더욱 그리워하는 것 같다.

마치 유럽에서 산업사회와 계몽사회를 거치면서 지친 사람들이 낭만을 그리워하고 동경하던 것처럼 지금의 우리 사회도 그런 게 아닌가 싶다. 알밤 한 꾸러미에 모두의 시선이 모이고 저절로 미소짓고 감동한다는 것은 매개체였던 할머니를 통해 과거 속에 묻힌 각자의 낭만적인 자연을 만나 위로를 받았기 때문인지도 모른다.

가을 기운이 가득해 만물이 여유롭고 향기로운 시간에 할머니는 자신의 치아를 살피고 불편함을 거두어주는 의료진을 생각했으리라.

"그래, 콘크리트 벽 속에서 날마다 돌같이 딱딱하고, 냄새나는 이빨만 들여다보다가 요 알밤과 한번 놀아 봐래이. 요기에 세상의 진귀한 맛과 멋이 다 들어 있데이." 하는 심정으로 밤을 줍지 않았을까.

노년의 시간은 길이의 길고 짧음에 의미가 없을 것 같다. 어느 날 어느 순간은 겁의 길이었다가, 때로는 촌음이기도 할 것이다. 밤을 줍던 할머니의 마음결에 새겨진 그 시간이 그러했을 듯하다. 시간의 쓸모없음의 쓸모 있음을 알밤 줍기에 담으신 지혜가 엿보인다.

병원 의료진들이 삶은 밤을 나누어 먹는 풍경은 상상만으로도 낭만적이다. 밤을 먹으며 나눈 대화의 주제는 적어도 백화점 세일이나 곤두박질하는 주식 이야기는 아니었을 듯하다. 뒷산 언저리의 오래된 밤나무에 얽힌 추억 속 까칠한 밤송이며, 밤벌레 등 어느 것 하나 만지기 쉽지 않지만, 싫지 않은 잊을 수 없는 자연의 산물들이다. 한없이 느긋하고 평화로웠을 시간이 그들에게는 큰 선물이 되지 않았을까 싶다.

우리는 신기루 같던 물질의 풍요가 인간의 노력으로 누릴 수 있는 대상이란 것을 깨달으면서 수면과 자유를 스스로 반납했다. 고층 아파트에서 누구의 눈에 쉽게 띄지 않는 은둔자처럼 '혼놀'에 적응하고, 지하철에서 조느라 타인을 바라보는 법을 잊어가는 무심한 삶에 익숙해져 있던 중이었다. 뜻밖에도 할머니와 함께 가을바람에 날아든 알밤을 만나자 낭만은 굳어 있던 오감에 균열을 내었다.

어제 나도 몇 해 전에 심었던 밤나무 아래로 가보았다. 밤송이가 너저분하게 널려 있었다. 알지 못하는 사람들이 다녀간 흔적에 너그러운 사람이 되기는 쉽지 않다. 겨우 대여섯 알 주워 손에 쥐고 나무 아래를 어슬렁거리자니 '군밤 먹는 사람들'이란 그림 한 폭이 펼쳐졌다. 이것으로 잃어버린 밤에 대한 서운함을 젊은 사람들의 말처럼 퉁쳐도 괜찮을 듯했다.

일생 중 나의 행위가 타인에게 선물이 되는 일이 있다면 대단한 일이다. 할머니의 알밤은 행복을 주는 좋은 선물이었다. 며칠간, 꽤 긴 시간, 어쩌면 가을이 오면 그들은 알밤을 선물하던 '낭만 할머니'를 떠올릴지 모른다.

(2022. 9. 29.)

내 화법

나란 사람이 못하는 게 잘하는 것보다 많다는 것을 웬만한 지인들은 다 눈치를 챈 것 같다. 자신의 그런 약점을 뻔히 알면서도 인정하고 싶지 않은 것이 사람의 심리다. 상대방도 밝혀야 좋을 것 없는 일인 줄 알기에 굳이 나의 약점을 꾹꾹 찌르지는 않는다. 그 점 또한 나도 알지만 모른 척 그냥 살아간다.

이웃하고 있는 주변 상가의 눈치 9단의 고수 사장님들이 나를 배려할 때 엿보이는 얄팍한 권위의식 내지는 우월감은 어쩔 수 없이 나의 약점을 인정하게 한다. 물론 그때의 묘한 기분을 드러내지 않는 게 좋다는 것쯤은 나도 알고 있다.

"보소, 그거 그 집에 있지요? 손님, 저 집에 가보소."

목소리에 평소와는 다르게 힘이 실려 있다. 마치 부실한 나의 밥벌이 능력에 대한 조력자라도 되는 듯한 어조다. 아무려면 어떨까. 나름 나도 궁리라는 것을 하면서 사는데. 하기는 그 궁리란 것들도 고수의 눈에 보이고도 남겠지만 별 탈 없이 사는 것을 나는 그 알량한 궁리 덕이라 생각한다.

나라고 맹탕이기만 하겠는가. 그들이 이웃으로서 선을 넘지 않게 하는 최소한의 방책이 무엇인지는 짐작하고 있다. 본래부터 어디 나설 만큼 갖춘 것이 없는 사람이기에 생존의 본능으로 체득한 것인지는 모르지만 말하기 전에 한 호흡 쉬는 버릇이 있다. 말을 아끼는 편이기도 하다. 말이란 오해가 생기게 되면 걷잡을 수 없이 다른 방향으로 흐를 때도 있다. 소통은 물 건너가고 가시거리를 삼켜버린 안갯속이 된다.

말에도 길이 있다. 한 호흡 쉬는 일은 말이 길을 나서기 전에 목적지에 무사히 이를 수 있게 방향을 잘 잡는 일이다. 말도 생물이라 채비를 잘하고 나서도 여차하면 탈선하기 십상이다. 궤도를 벗어난 한마디에 낯선 반응은 순식간에 따개비처럼 따라붙는다. 곧바로 상대방의 표정에 그림자가 생기기도 한다.

상가에 새내기로 들어왔을 때는 하루하루가 카페인에 과다 노출된 사람처럼 불규칙한 심장 박동을 경험했다. 같은 말이라도 상대방에 따라 다른 느낌으로 나에게 반응한다는 것을 미처 깨닫지 못했기 때문이다. 어느 때는 말에 부록까지 달고 불쑥 돌아오면 나는 거의 패닉 상태를 경험했다.

서른 해의 세월은 부실하기 짝이 없는 나에게 유용한 화법 하나를 터득하게 해주었다. 그것은 말하기 전에 한 호흡 쉬는 버릇이다. 처음은 어색했지만 물벼락 같은 긴급 상황에 비하면 견디기가 한결 수월했다. 차츰 '잠깐 뜸들이기'에도 매료되기 시작했다. 나처럼 상황 대처 능력이 떨어지고 말이 궁색한 사람에게는 그만한 게 없었다. 사람이 한 호흡 동안 그토록 많은 생각을 할 수 있다는 것에 놀랐다. 세상의 빛을 보지 못하고 생각에 머무는 언어들의 역할 또한 중요하다는 것도 알았다. 그들이 입안에서 분주하다가 사라지면 안도와 평화를 느끼기도 했다. 순간의 길이가 때로는 물리적인 틀을 벗어날 때는 수행승이 된 듯하다. 그런 날은 퇴근길 한 시간이 묵언 수행의 여정 같아 행복했다.

사람이 노력해도 원하는 것을 얻을 수 없어 서운할 때도 있지만 부족함은 새로운 동기를 부여하기도 하는가 보다. 남편과 함께 시작한 유통업은 진심과 정성에다 말과 유연성을 갖추어야 한다. 공교롭게도 말과 유연성은 우리 부부에게 아킬레스건이었다. 사람은 부족한 것을 채우기 위해 자신도 모르게 많은 노력을 한다. 그게 생존본능일 것이다. 다행하게도 무미건조한 언어습관을 가진 우리는 걱정하지 않아도 살 수 있던 시절이 잠깐 있었다. 하지만 변화무상한 생의 여정 중에 그 시간은 아주 잠깐이었고 행동은 물론 언어의 절제되고 다양한 매력을 유감없이 구사해야 입에 밥이 들어오는 일을 하게 된 것이다.

서른 해 연마한 화법이 제법 통하는 것 같지만 역시 눈치 9단의 상가 사장님들의 눈에는 그리 탁월하게 보이지는 않는가 보다. 누구도 우리와 같은 화법을 쓰는 이가 아직 없다. 하지만 우리 부부의 방식을 존중해준다. 이미 깜냥을 알았는데 굳이 그 속을 알은척해서 기죽일 일이 없기에 그냥 지내는 것 같다. 나 역시 그 속을 그렇게 이해하지만 한편으로는 흔한 화법이 아니기는 해도 익숙해져서 나름 편하다.

언제부턴가 우리 사회는 나와 무관한 일에는 소극적이다. 그러나 나와 밀접한 관계가 있으면 지나치게 적극적이다 못해 도를 넘어버리는 경우도 있다. 원칙과 기준이 비바람에 흔들리는 키다리꽃 무리 같아 본질을 읽는 데 늘 어려움을 겪는다. 그것도 부침이 심한 유통업의 현장에서 오롯이 본질을 읽으며 사는 일은 기적 같다는 생각을 종종 한다.

굼벵이도 구르는 재주가 있다고 했던가. 어떻게 하다 보니 악수가 묘수가 된 내 화법을 사랑하며 살아가고 있다.

(2020. 7. 20.)

달그림자

삼복더위를 겨우 넘기고 입추 언저리가 되면 오히려 탈진하여 그림자마저도 축 늘어진다. 이런 때 한줄기 선들바람 같은 글 한 편을 남기고 싶은 욕심이 생긴다. 하지만 올가을 나의 속 뜰은 어지럽기 그지없다. 마음이 남원북철南轅北轍과 다르지 않기 때문이다.

평생 쉬는 시간을 줄여가면서 일을 해왔다. 일흔을 앞두게 되면 소망하던 일을 실천하려는 계획이 있었다. 그러나 개인에게 나라의 형편은 거시적 환경이기에 그 영향을 피할 수 없다. 상황과 마음이 따로 노니 마주하는 나의 일상은 갑자기 찾아온 의문의 손님을 맞는 것처럼 들썽하다.

때마침 '가을의 서정으로 독자의 마음을 알록달록 곱게 물들일 작품'을 써 달라는 청탁서가 왔다. 칙칙하고 상처로 얼룩

진 심상을 위로하고 보듬을 수 있는 아름답고 따뜻한 글을 달라는 말일 것이다. 그러나 접시 같은 나의 깊이를 잘 알기에 청탁서는 나를 우울하게 한다. 송고일이 다가온다.

책상 앞에 편하게 앉아 있을 수 없어 음력 팔월 열여드렛날 밤 산책을 한다. 달빛은 내 마음도 모른 채 천연덕스럽게 환하다. 벌써 몇 바퀴째 집 주변을 돌고 있다. 눈과 가슴의 화기가 가라앉는 듯 가벼운 느낌이 들자 그제야 산책로에 어리는 달 그림자가 내 안으로 들어온다.

누군가 '사실 앞에 정직한 것이 정의'라고 간결하고 담백하게 말할 때 아주 명쾌한 풀이라고 생각했다. 그러고 보니 그림자만큼 정의로운 것도 없는 듯하다. 적어도 사실을 왜곡하지는 않는다. 오동나무, 마가나무, 회화나무, 자작나무, 왕벚나무, 배롱나무 잎의 모양이 각각이다. 크고 작은 가지, 삭정이의 그림자까지 정직하다. 어쩌면 산책로에 줄지어 서 있는 이 교목들이 사람보다 정의로운지도 모른다. 적어도 본체를 왜곡하지는 않는다.

지난 일요일에 여름 내내 웃자라 덥수룩한 집 주변의 나무들을 가지치기했다. 나무가 어릴 때는 전지가위 하나로 어수선한 모양을 바로잡아 줄 수 있었지만 성목이 되어감에 따라 도구의 종류도 다양하고, 숫자도 늘어났다. 물론 나무를 만지는 손길도 섬세하고 능숙해졌다. 무엇보다 전지하는 사람의 자르고, 버리고, 냉정하게 비우는 과단성 있는 마음과 안목이 중요하다는 것을 깨닫는다.

집 주변의 나무들은 묘목을 옮겨와 심었다. 십여 년에 걸쳐 성장 과정을 지켜봤기에 더욱 애착이 간다. 황금회화나무는 어릴 때 잔병을 앓아 노심초사했던 시간이 많았다. 어느 때는 늘그막에 늦둥이를 얻은 할매 같은 어미의 마음이었다. 그러나 냉정하지 않으면 나무를 못나게 만들 수 있다. 어린 시절 친정어머니가 나의 유치를 뽑던 결기의 모습을 떠올린다. 딸을 옆구리에 껴안고서 흔들리던 이빨을 나로부터 인정사정없이 뽑아 떼어놓았다. 참으로 억울한 날이었지만 젊은 날 나의 치아는 고르고 예뻤다.

두툼한 장갑에 농구화를 신고 사다리와 전지 도구들을 나무 아래로 옮긴다. 톱만 해도 전기톱을 비롯해 서너 가지가 된다. 올해는 유난히 비가 잦아 산책로의 나무들이 우거져 시야를 가린다. 예년 같으면 11월 중순경에 전지를 하겠지만 단풍을 보기 전 일부라도 하려는 것이다. 과유불급의 의미를 온전히 새기게 하는 어지러운 가지를 냉정하게 자른다. 겉보기와는 다르게 적갈색의 속심을 다부지게 키워가던 회화나무의 팔뚝만 한 가지도 야멸차게 잘랐다. 잘린 가지의 기색을 살핀다. 절명한 모습마저 고결해 오히려 톱을 든 나의 기를 꺾는다. 사람과 마찬가지로 품격을 갖춘 나무 앞에 서면 옷깃을 여미게 된다. 가지치기라고 하지만 기실은 복잡한 내 속사정을 정리하는 것과 다르지 않다.

전지하고 이틀 지난 뒤 산책로에서 그림자로 드러난 나무들의 실체를 본 것이다. 잘리며 이별의 고통까지 견딘 덕분에 나뭇잎 한 장 한 장과 나뭇가지며 작은 줄기의 미세한 모습이 시원스럽고 당당하게 산책로에 달그림자 되어 펼쳐진다. 모두 끌어안고 서 있을 때보다 오히려 버리고 내려놓았을 때 모습이 정결하다.

요즘 언론에 비친 우리 사회의 화두는 '정의'인 듯하다. 그것이 그림자에 가려져 본질이 왜곡되는 현실이라며 남녀노소, 학생과 학자, 많은 국민은 불안해하고 분노한다. 가을은 축제의 계절이다. 한 해의 노력에 대한 결실을 추수하고 전지신명과 이웃에 감사의 마음을 바치는 제의의 시절임에도 불구하고 시위의 물결이 멈추지 않는다.

좁게는 개인, 넓게는 국가의 노력이 어떤 형태로든 의미를 담고 모습을 드러내는 것이 사회현상이다. 그것이 부당한 욕망의 산물이라면 우리는 얼굴을 가리고 싶을 것이다. 수치심은 염치가 조금 남아 있을 때 가능하다. 그것마저 되지 않는 상황일 때 세상은 욕망으로 가려 그림자의 실체는 왜곡되어 믿을 수 없다. 이쯤 되면 욕망의 그림자는 낮과 밤을 가리지 않고 모두 뒤엉켜 분간이 어렵다.

사람들은 여름날 해 질 녘의 산 그림자를 좋아한다. 그림자는 버거웠던 하루를 식혀주는 공을 수풀이 우거진 산에 돌린다. 그렇다고 청량한 기운을 선사한 나무 한 그루와 풀 한 포기의 공이라고 따져가며 감사의 마음을 갖는 이는 없다. 감사도 원망도 산으로 돌린다. 국가는 국민에게 그와 같은 존재다. 정부는 산을 책임지는 기구이며 관리자다. 관리자가 책무를 다할 때 어려움 속에서도 국민은 용기를 내고 내일을 향해 뛰고 싶다. 그리고 그 노력은 선명한 달그림자가 되어 사람들의 가슴으로 스며들어 빛나는 꿈이 된다.

아름다운 이 가을, 내 마음에도 진실한 달그림자가 스며들어 알록달록 고운 서정에 빠지는 일이 사치가 아니었으면 좋겠다.

(2019. 9. 23)

꽃그릇 똥그릇

최근 주변의 어느 분이 다른 사람과 실랑이하는 과정에서 감정이 격해지자 말이 날카로운 무기가 되는 것을 보았다. 그런 일이 있고 난 후로 그 사람을 보면 내 입은 요지부동이다. 인사말도 나오지 않는다. 본래 관대하거나 대범한 사람은 아니지만 나와 직접 상관도 없는 일에 입이 말을 듣지 않아 당황스럽고 난처하다.

난감한 가운데 며칠을 지내면서 말 부리는 일에 미숙한 나를 생각하자니 인품도 훌륭하고, 말까지 잘하는 사람이 새삼 부럽다. 그런 사람의 입은 주인과 호흡이 얼마나 잘 맞겠는가. 그와 반대로 주인이 허당끼까지 있으면 입도 나긋하기가 쉽지 않다. 말을 담아 세상에 나르는 입장에서 호불호가 있는 것이 당연하다. 누구라서 험한 것을 담아 세상에 쏟아놓고 싶을까.

나의 입이 무시로 파업하는 것은 말의 무게와 품격이 세상에 나를 만한 가치가 없거나 이런 말에 반응해야 할 때가 아닌 때인 듯싶다. 사실 거칠다거나 포장을 지나치게 한 말은 피하고 싶은 욕구가 강하다. 이는 자기 보호 본능의 발현일 것이다. 산만한 생각으로 직조된 말은 엉성하고 거칠어 때로는 다른 사람의 마음을 상하게도 한다. 이런 경우 돌아오는 말은 대개 말 그릇인 입에 대한 핀잔이다. 며칠 전 소동이 나던 날도 어떤 이가 혼잣말로 "입이 차암 거치네."라면서 그 곁을 지나갔다. 누구는 혀를 찼다. 경멸의 어조와 눈길, 그리고 주변의 기운은 냉랭했다. 사건의 본질보다 모두 그녀의 입에 관심이 집중되었다.

그때 갑자기 추위라도 온 것처럼 내 입은 굳게 다물어지고 안면 근육마저 뻣뻣해졌다. 심장도 딱딱해진 것만 같았다. 삶은 타자와의 관계성으로 이루어지는 만큼 소통 수단인 말과 입을 무시할 수 없다. 말은 입에 담기 쉬우나 조심스러운 물건이라 매 순간 자신이 처한 상황을 수용하고 이해하면서 난처함은 스스로 극복할 수밖에 없는 노릇이다. 그런 노력에 게으른 편인 나는 차라리 눈감고 귀를 막으며 무시로 입을 쉬게 했는지도 모른다. 더구나 요즘과 같이 예민한 시절에는 차라리 개점휴업이 더 나을 듯도 하다.

나는 어느 날 문득 말 그릇을 쉬게 할 만큼 단순한 사람이다. 그때마다 스스로 생각해도 의아하고 난망하다. 이처럼 고약한 버릇을 갖게 된 동기는 어린 시절 한때 부모의 품을 떠나 조부모님이 계시는 큰댁에 살면서 생긴 것 같다. 십이 남매의 막내인 아버지의 딸인 나와 큰댁 가족들과의 나이 차는 스무 살이 넘었다. 눈높이가 달라도 너무 다른 가족들과의 대화는 불편하고 어려웠다. 그때 말을 줄이거나 하지 않는 쪽이 편하다는 것을 깨달았다. 이제 모두 지난 일이지만 그 버릇이 남았으니 어쩌겠는가.

때로는 낡고 상처 난 그릇을 버리지 못하고 정원 귀퉁이에 두고 꽃그릇으로 쓸 때도 있다. 버리고 싶은 버릇도 화두처럼 마음 한구석에 두고 선방처럼 드나든 지 꽤 되었다. 이번에도 언제 털고 나올 수 있을지 알 수 없지만 문제의 그날 회오리 중심에 섰던 사람에 대한 내 마음이 무애할 수 있을지 모르겠다. 그 사람의 입장에서는 아무런 상관없는 사람인 나와의 관계가 서먹서먹해졌으니 이해할 수 없는 일일 것이다. 나도 관계 회복이 걱정된다.

그 일이 있고 며칠이 지나는 사이에 말을 나르는 그릇에 대해 생각이 많아졌다. 살면서 내 입을 거쳐 사라진 말들이 어떤 모습으로, 어디를 향해, 누구에게 또는 무엇이었다가 어떻게 사라졌을까. 말과 입에 대한 깊은 성찰도 없이 날것들을 쏟아내던 때도 있었다. 사람들은 그 시절을 청춘이라고 한다. 그러나 청춘은 다소 아쉬움이 남더라도 용서가 될 수 있다. 하지만 나이가 든 사람의 입은 책임감과 어느 정도의 품격을 갖추어야 한다. 그럼에도 입은 아직도 조절이 쉽지 않아 방류하듯 두서없이 말을 쏟아버릴 때가 있어 말 한마디 하기가 갈수록 버겁다.

얼마 전 코로나19 백신 접종 후유증으로 고생하던 친구가 찾아왔다. 한 달간 앓았다는데 노인이 되어 있었다. 백련암에 다녀오는 길이라고 했다. "이 나이에 무슨 기도할 게 있겠노. 나는 딱 한 가지만 부처님께 부탁드린다. 내가 살아 있는 동안 많은 사람에게 밥 사 드릴 수 있게 해달라고." 그녀는 자신과 만나는 사람에게는 가능하면 밥을 산다고 했다. 쪼그라들어 주름진 그녀의 입이 갑자기 어느 경지에 이른 꽃그릇으로 보였다.

신기한 것은 사람의 입이 때로는 저주의 그릇이 되기도 한다. 지난주는 우리나라 수도권이 팔십여 년 만의 폭우로 물바다가 되었다. 군인들을 비롯해 많은 사람이 수해 복구 현장에 함께했었다. 그중에 정치인도 있었는데 현장의 모습을 카메라에 담기도 하고 몇 마디 말도 한 모양이다. 물 폭탄을 맞은 사람들 속에서 사진의 현장감을 위해 비가 더 왔으면 좋겠다고 한 것이 화근이 되어 며칠째 그의 입은 똥그릇보다 못한 상황이 되고 말았다. 여기서도 모두 그의 '입'을 성토했다. 아무튼 물난리통에 여러 정치인의 입은 저주의 그릇이 되었다.

말이란 바로 그 사람의 모든 것을 담아 세상을 밝히는 빛이다. 말과 입이 누구에게 상처도 주지만 진심과 정성을 담아낸다면 위로와 기쁨이 되기도 한다. 나에게는 아직도 '화야'라고 불러주는 구순의 노모가 계신다. 단기기억이 끊어지기도 하지만 당신의 자존심을 유난히 챙기신다. 이따금 "화야!" 하고 부르실 때면 노모의 입이 아름다운 꽃그릇으로 다가온다. 나도 날마다 감사와 위로의 마음을 고봉으로 담아 노모에게 올리고 싶다. 늙어가는 화야의 입도 꽃그릇으로 보이면 더 기쁘실 텐데.

(2022. 9. 21.)

제3부

동양의 알렉산드리아, 방어진

봄빛이 내린 방어진 항구의 휴일 풍경은 휴식과 평화 그 자체다. 게으른 걸음으로 마을 길을 따라 걷는 내 모습도 춘화가 되어 어느 돌담에 남을 것만 같다. 조용하고 한적하기까지 한 일요일의 모습이 21세기의 울산 동구 방어진의 정경으로는 뜻밖이다.

가라앉은 듯한 분위기는 오히려 몰입감과 기대로 이어진다. 조금 전 방어진 박물관 상영관에서 마주했던 '동양의 알렉산드리아'란 제목의 활자 영상에 함축된 방어진의 역사적 의미와 현재의 모습이 머릿속을 꽉 채우기 때문이다. 나일강 하구의 삼각주와 방어진 항구의 운명적 공통점을 곱씹어 보게 된다. 두 지역은 전혀 다른 듯한데 지리적 환경과 인간 삶의 상관관계란 맥락에 기인한다는 점이 흥미롭다.

나일강의 범람으로 하구에 형성된 기름진 델타의 알렉산드리아나 어족자원이 넘치는 한적한 포구 방어진은 어떤 사람들에겐 그야말로 탐욕을 버릴 수 없는 신천지다. 그런 연유로 두 곳은 영광의 순간도 있었지만 오랜 세월 격랑의 시간을 피하지 못하고 고통과 상처가 녹아 역사의 지층을 이룬다.

일제 강점기에 방어진철공조선소였던 공터의 뒤쪽 '밷바위' 언덕배기에서 흩어진 길을 따라 현대식 건물들이 즐비하다. 각양각색의 간판을 달고 나름의 역할을 하고 있다. 하지만 건물 사이로 난 길이 도시의 외관과 조화를 이루지 못한다. 경사가 가파르고, 오래된 화강암 돌담이 있는가 하면, 폭이 좁은 길이 이어지다 어쩔 수 없이 넓힌 듯 어색한 찻길도 나온다. 어느 골목 끝에는 내밀한 사연이라도 품은 듯한 낡고 나지막한 집이 대숲에 싸여 있어 은둔자처럼 존재감이 희미하다. 그 아래쪽에 울산 최초의 공중목욕탕이 명맥을 이어오고 있다. 그뿐인가. 울산에서 가장 먼저 전기가 들어왔다고 하니 단순히 항구도시로서의 기반 시설만이 아니라는 것을 읽을 수 있다. 어색하고 부자연스럽지만 남기고 기억해야 할 것이 있다는 메시지를 담고 있는 도시의 구조다. 특히 입구에는 당시에 세웠던 방파제 축조 기념비가 있다. 기록된 내용의 함의가 예사롭지 않아 항구의 과거를 돌아보고 싶었다.

방어진을 잘 알고 있는 김 선생을 만나 현대라는 시간의 장막을 걷어내고 함께 역사 속으로 걸어보기로 했다. 방어진은 대한제국 말부터 일제 강점기에 걸쳐 건설된 식민지적 이주어촌이다. 1897년경 조류를 따라 흘러온 일본의 유자망 어부의 눈에 띄면서 한적하던 포구에 일본인들이 드나드는 계기가 된다. 30호 가량의 반농반어촌이지만 어족자원이 풍부할 뿐만 아니라 수산업 도시로 발전하기에 매력적인 조건을 많이 갖춘 곳이었다고 한다.

마침 메이지 유신으로 변혁기를 맞아 팽창주의적 사고가 거세던 일본인들의 눈에 방어진이 가진 지리적 환경은 수산업 전진 기지로 이보다 더 좋은 곳은 없었을 것이다. 그들은 짧은 시간에 일본을 축약해 옮겨놓은 듯한 이주도시를 만들었다고 한다. 1905년 두 사람의 이주자를 시작으로 1909년에는 30호의 이주어촌을 방어진에 건설했다고 한다. 이를 계기로 해마다 이주 정책이 증가하고 1912년에는 일본회가 조직되었다. 그리고 이주민들을 위한 교육기관과 관공서까지 세워지는 등 이주민 사회의 힘이 커지자 행정구역마저 울산읍과 동격인 방어진읍으로 승격되었다고 한다.

항구로서의 온전한 조건을 갖추기 위해 일본인 관료와 선주들이 주축이 되어 뱉바위산의 화강암을 채석해 방어진항에 방파제를 축조했다. *외해로부터의 파도를 막고, 해안 침식을 막

* 외해: 동해, 축조비에는 일본해로 표기되어 있다.

음으로써 안전한 항구도시를 조성할 수 있었다. 돌을 채석하고 생긴 빈터에는 방어진 철공소가 세워졌다. 배를 만들고, 수리하고, 선박용 발전기 제작까지 했다고 한다. 천혜의 지형 조건을 갖추고, 수산자원이 풍부한 곳에 우리나라 최초의 근대적 의미인 조선소까지 세워졌으니 포구에서 항구의 기능을 하게 된다.

이주어촌의 세부적인 요건으로 주재소며, 영화관, 사찰, 신사, 청루, 당시 최고층인 3층 여관, 시외버스 정류장, 일본식 공동묘지까지 흔적이 남아 있다. 그리고 수산백화점, 통조림공장, 기름공장 등 어업이 기업화되는 그야말로 미니 일본을 둘러보는 느낌이다. 어디를 보아도 이주 이민자들의 흔적이다. 철저히 우리나라 사람의 주체적 삶이 배제된 과거 발자국이다.

풍족한 항구도시 속에 당시의 부초 같은 삶을 유추할 수 있는 기록이 담긴 구조물이 남아 있다. 방파제 축조 공사를 기념하는 축조비에 항만 변천사와 주권을 상실한 사람들의 아픔의 흔적이 녹아 있는 문구다. 1923년 11월 25일 착공해서 1928년 3월까지 공사가 진행되었다. 동원된 사람이 195,000명이며 한국인들이다. 1925년 9월 초에 태풍으로 인부 48명이 희생되었다는 기록이 있다. 하지만 사람의 숫자 195,000과 48에 누구의 이름도 없다. 오직 일인들의 치적으로만 기억될 숫자로 남아 있을 뿐이다.

주권이 사라지면 인권과 이름도 의미가 없어진다. 사람은 이름이 주어짐으로써 의미를 얻게 되고, 존재가치를 지니게 되는 것이다. 역할과 이름이 없는 단순 숫자는 당시 한국 사람의 위치를 알려주는 큰 아픔이며 상처의 기록일 뿐이다. 어떠한 시대도 역사의 한 지층이 되고, 거부할 수 없는 또 다른 시간이 오게 마련이다. 제2차 세계대전에서 일본이 패망하자 그들은 썰물처럼 빠져나갔다. 방어진은 다시 가난한 어촌이 되었지만, 각자의 이름을 가지고 힘을 모으기 시작했다. 처음 일본인들의 이주어촌이 될 때와는 달랐다.

애초에 일본인들을 끌어들인 것은 여러 가지 요인이 있겠지만 무엇보다 생존의 조건을 갖춘 지리적 영향이 컸을 것이다. 그들이 돌아가자 방어진이 가지고 있는 천혜의 지리적 환경이 우리의 눈에도 들어온 것이다. 시련과 환란의 틈바구니에서 능력을 키우면서 길을 보았다. 중공업과 자동차 공업의 최적지라는 사실을. 드디어 방어진은 세계 속으로 날아올랐다.

한 세기가 응축된 역사의 지층을 돌아 나와 '소바우'*에서 내

* 소바우: 述岩山. 옛날 큰 해일이 일어나서 천지가 다 물속에 잠겼을 때 술바위산만은 소리개[솔개] 한 마리가 앉을 정도로 남아 있었다. 그때 이곳으로 피신한 소리개 한 마리가 살아남아 솔바위산, 소바위산으로 부르다가 술바위산이 되었다고 전해지고 있다. 술(述)은 본래 높은 산을 뜻하는 말이며 솟[聳], 고(高), 숭(崇) 등의 뜻을 가지고 있으며 대왕바위와 깊은 연관성을 가진 산이라 할 수 있다. (향토문화전자대전)

려다보니 입항을 기다리는 다국적 선박들이 바다에 수를 놓는다. 방어진 항구의 사람들은 몇 년 전부터 도시 재생 사업에 열중하고 있다. 뱉바위 화강암보다 견고한 인고의 과거 위에 건설하고 있는 방어진의 미래가 궁금하고 기대가 된다. 해안을 따라 든든하게 누워있는 술암산述岩山 소바우 위에 방어진 사람들과 함께 내 꿈도 얹어보고 싶다. 국제 산업도시에 세계적인 도서관 도시를. 동양의 알렉산드리아 방어진이니까.

(2023. 3. 24.)

경자년 추석 산책

추석 연휴가 예년보다 길다. 모처럼 휴일이 주는 여유 속에 따끈따끈한 햇살을 받으며 걷고 싶었다. 얼마간의 경사도가 있는 산책로를 따라 걷자니 호사도 이런 호사가 없다. 주변의 자연경관이 나만을 위해 존재하는 것 같다. 한참 걸으니 콧등에 송골송골 땀방울이 맺힌다. 얼마만의 일인지 기억조차 나지 않는다.

요즘 사회 분위기는 코로나바이러스감염증-19의 식민국가처럼 느껴진다. 그가 대장인 것만 같다. 호랑이보다 무서운 곶감이다. 하지만 내 생각엔 역시 사람이 대장이고, 곶감이다. 그 무섭다는 바이러스 속을 뚫고 추석 연휴를 맞아 모두 떠났다. '간봉지'가 작은 나만 산마을에 남아 있는 듯, 조용하다 못해 적막감이 돈다. 내친김에 아직 걸어보지 못한 마을길을 따라 오전 내내 이곳저곳을 기웃거렸다.

이사 온 지 십여 년이 지났는데 가보지 않은 길이 이렇게 많은 줄 몰랐다. 무엇보다 길들이 자동차가 산속 깊숙이까지 거침없이 들어가도록 정비되어 있다는 사실에 또 놀랐다. 걷고 있는 나를 위협이라도 하듯이 이따금 자동차가 휙 지나갈 때면 내 안에서 묘한 감정이 일어났다. 몇 시간째 돌아다니자 다리마저 후들거리며 '성질'이 까칠해지기 시작해서 스스로도 당황스러웠다.

묘한 그 감정의 정체를 곱씹어 본다. 상실감이다. 나도 모르는 사이에 우리의 길을 사람이 스스로 널찍하게 만들어 자동차에 헌납해버린 것이다. 급기야 쇠붙이 그 물건이 사람을 위협하듯 휙 지나가다니. 거기에 식은땀이 나도록 놀란 것이 화가 나고 억울했다. 그리고 잘 닦인 길을 좀 걸었는데 다리는 또 왜 이리도 후들거리는지. 내 발과 다리가 어느새 안녕하질 못하다는 것도 알았기 때문이기도 하다.

언제부턴가 인간에게 걷는 일이 선택 사항이 되어 버렸다. 신체의 2퍼센트를 차지하지만 한 사람의 인생을 책임지고 있는 발의 기능이 그 쇠붙이 때문에 스스로 퇴화하는 듯하다. 기실 변화의 욕구가 강하고 끊임없이 새롭고 편리한 것을 추구하는 사람 탓이란 말에 공감하는 이가 많을 것이다.

한마디로 길의 문화가 달라졌다. 도시가 많아지고 먼 거리는 고속도로가 생기면서 걸을 수 있는 공간은 상대적으로 많이 줄었다. 길의 기능 또한 여가와 물류 수단이 되어가고 있다. 사람을 배려한 길이 줄어들고 사라지니까 소통의 대상도 달라진다. 건물 안에 있거나 차 안에서 이동을 하기에 소통은 매우 제한적이고 건조하다. 주로 차가운 스마트폰을 바라보며 방백을 하듯 떠들어대거나 자판을 피아노 연주하듯 두드리다 조용해진다. 그게 주요 소통 방식이란다. 인간이 자초한 비애다.

십여 년 전 산마을로 처음 들어왔을 때 주변의 길은 살아 있었다. 거처에서 문복산으로 이어지는 길은 헤아릴 수 없이 많았다. 내가 가고자 하는 방향을 따라 지나가면 그곳이 곧 길이었다. 길은 다른 생명체와의 공유 공간이기에 잠시 걸어도 다양한 소통을 경험할 수 있었다. 때로는 야생초가 진로를 방해하면서 통행세를 요구했다. 하지만 잠시 저들과 얼굴을 마주하며 눈을 맞추고 함께 미소를 지으면 통과다. 방아깨비와 사마귀가 여기저기서 사랑을 하고, 바람이 쑥석거리면 큰금매화가 와르르 샛노랗게 웃었다. 오래된 사스레나무의 굽은 가지에는 다람쥐의 익숙한 길이 있었고 나무 아래는 고라니와 멧돼지가 지나다니는 길이었다.

나는 그 길에 익숙하지 않아 엉킨 풀줄기에 걸려 넘어지기도 했지만 개의치 않고 하절기 해 질 무렵의 산책을 즐겼다.

걸으면서 버리고 싶은 것을 쏟아놓고, 자연이 주는 아름다운 고독과 침묵을 가득 담아오는 기쁨이 있었다.

언제부턴가 편리한 길이 한 갈래 두 갈래 생겨나면서 고라니의 소리도 줄어들고 길섶의 야생초도 사라지기 시작했다. 공사장의 쿵쾅거리는 소리가 하루에도 수차례씩 메아리치면서 내 발도 걸을 일이 줄어들었다. 그 후 잡다한 일에 빠져 마을길을 따라 걷던 일도 잊고 지냈다. 추석 연휴를 맞아 모처럼 그동안 걷지 못했던 길을 걸으면서 바뀐 환경에 갑자기 개안이라도 한 듯 놀랐고, 허약해진 하체에 또 놀랐다.

잠시 길과 발의 친밀했던 역사를 떠올려 본다. 학창시절 3~4킬로미터의 거리는 예사로 걸었다. 이웃에 잔심부름을 가는 것부터 소박한 여행까지 직립보행하는 식의류가 누릴 수 있는 것을 최대한 누렸다. 어쩌다 상대하기 거북한 이웃 마을의 네 발 누렁이라도 만나면 나는 두 발로 날듯이 논두렁 밭두렁을 달려 마을 어귀의 고샅길에 멀리뛰기 선수가 착지하는 것처럼 멈췄다. 위기의 유쾌한 마무리다. 발의 공덕이 안겨준 귀한 추억 중 하나다.

순발력 넘치던 발과 다리의 능력은 현대 문명의 상징인 자동차의 등장으로 게으름뱅이에다 약골이 되어 믿을 수 없는 대상이 되어가고 있다. 허약체질의 사람에게 우리가 쉽게 할 수 있는 조언이 '걷기'다. 영국의 문호 찰스 디킨스 역시 걷기를 강조했다. 사람은 우주의 축소판이다. 오장육부를 건강하게 하는 행위는 바로 걷기를 통한 소통이다. 어느 곳이든 흐름이 방해를 받지 않아야 한다. 찻길을 내느라 사람의 길이 사라진다면 주객이 전도되는 일이다.

문명의 영향이 사람을 보조할 때 인간의 삶은 건강해진다. 자동차를 타고 휑휑거리며 정체불명의 문명을 좇다 삶이 끝나버리지나 않을까 싶어서 한기를 느낀 경자년 추석이었다.

(2020. 10. 20.)

빗소리

창밖의 빗소리가 한순간도 같지 않다. 소리뿐만 아니라 빗줄기의 굵기와 떨어지는 속도, 쏟아지는 방향과 낙하 시에 닿는 물체나 지형 등에 따라 나에게 전해지는 감도 다르다. 종일 벗이 되어보니 여간 즐거운 일이 아니다. 그 맛을 말한다면 가히 눈과 귀, 후각마저도 호사다. 누가 즐거움과 행복에 관해 물으면 아득하곤 했는데 평생 애쓰고 노력하던 것들이 아닌 엉뚱하게도 장마 중 빗소리에서 답을 듣는다. 귀한 인연이다.

즐거워서 아이처럼 하루 내내 들락거린다. 새들도 내 마음과 같은지 날이 들면 벗을 불러 사과나무 가지와 마가목 아래서 먹이를 찾으며 희희낙락하다 비가 서성이면 돌아가기를 반복한다. 그들도 오늘 행복한 듯하다. 우중에 포만감을 누리는 생명체가 나 말고도 여럿 있다. 조금 전 올봄에 새끼를 친 꿩 가족도 한참 놀다 갔다. 수련 한 송이가 처음으로 주황색에 옅은 분홍으로 곱게 웃는다. 물이 흔한 날은 만물이 그득함에 새 힘을 내나 보다.

쉬는 날만이라도 문명의 이기로부터 떨어져 지내고 싶다. 맑은 날은 온종일 정원과 텃밭 가꾸기를 하며 땀을 흘리지만, 오늘처럼 비가 내리는 날은 계획을 세우지 않는다. 마음이 흐르는 대로 움직이다 마주하는 의외성은 기쁨과 놀라움 그 자체기 때문이다. 자연과 물이 만났을 때 일어나는 현상들에서 맑은 날 보지 못한 것들을 본다. 땅속에서 칸나가 새순 한 촉을 밀어 올린다. 느티나무 새순이 꽃같이 하늘을 향해 돋아나고, 지렁이가 바쁘게 이동하다 흙 속이 아니라 새 부리 속으로 사라지는 모습 등을 만난다. 자연의 생경한 섭리를 목도한다.

창작은 발견의 산물이라는 말에 공감한다. 그중에도 가장 신선한 발견이 자연을 통한 것이 아닌가 싶다. 어느 산골 음지에서 겨우 꽃을 피운 도라지의 내력에 시선이 머무는 순간 누구도 경험하지 못한 세계를 만나게 된다. 그것이 색의 세계이든 빛의 세계든 그에게는 처음이고 그 별의 비밀을 공유하는 자가 된다. 빗속에서 도라지가 품은 색의 세계는 다르다. 어느 사진작가도 담을 수 없는 색깔의 우주다. 비가 도라지 속으로 스며들면 신비로운 별이 되는 것은 도라지의 창작 능력이다. 빗물이 새의 입속으로 들어가면 노래하는 별이 되어 숲과 풀밭에 떨어진다.

인생이 여행이라면 이런 구간도 있어야 맛이다. 세상의 온갖 소리를 전해 듣고 아무런 보탬을 줄 수도 없으면서 습관적으로 타인과 세상을 탓하면서 소화불량만 겪는 삶이라면 건조하여 천불이 날지도 모른다.

요즘 진정 내가 행복한 사람인지 자주 생각한다. 그런 것 같지 않다. 다만 스스로 할 일이라고 규정지은 일들을 잘 수행해서 걱정이 덜 되는 사람일 뿐이란 걸 깨닫는다. 퇴근해서 저녁 식사를 준비하고, 청소와 빨래를 하고, 뉴스를 본다. 나보다는 누군가를 위해 소소한 것을 준비하고, 시간이 부족함에도 불을 켜두고 어지러운 공간을 정리정돈한다. 모두 습관적이다. 특별나지 않은 일상의 흔적을 문자로 남기고, 밀린 원고를 쓰고, 난해한 목적 독서에 시간을 할애한다. 여기에서 눈이 휘둥그레지는 신천지를 발견하기란 쉽지 않다. 이미 수십 년째 행해 온 일이라 나의 오감은 특별한 반응을 하지 않기 때문이다.

나와 다른 종의 동물도 새로운 것엔 호기심이 가득하다. 공을 좋아하는 반려견 금순이만 해도 공의 색깔이 다르거나 크기나 질감이 달라도 눈을 반짝인다. 누구에게 선물을 받으면 꼭 자랑한다. 금순이는 새것에서 내가 보지 못한 세계를 본 것이다. 녀석은 몹시 들뜬 감정을 경험하고 있음이 느껴진다. 대마처럼 뛰어갈 때 분명 즐거움의 에너지가 생성되고 있음을 본다.

나는 아직도 오래된 삶의 방식에 집착하는 것 같다. 하루의 일과 중 어제와 같은 것은 없지만 대부분 과거의 것, 과거의 방식이란 틀에 습관적으로 기대고 있다. 안정감과 편함의 유혹 때문이다. 퇴근해서 국 끓이고 나물 무쳐 밥상을 차린다. 남편과 나, 두 사람을 위한 저녁상 차림이 빛바랜 풍속화 같다. 도대체 새로운 것은 끼어들 공간이 없다. 사십여 년이란 시간은 옛것을 그대로 둔 것이 없는데 우리 부부의 삶이 풍경은 그대로다. 단순한 삶을 위해 습관적으로 반복하는 1차원적인 일에 시간을 쓰고 있다는 사실이 새삼 놀랍다.

사유하는 인간의 세계에서 일어나고 있는 창작이란 신천지의 발견이며 인간이 그것을 형상화할 때 작품이 되는 것이다. 비단 예술을 하는 사람이 아니라 해도 그와 같은 경험을 한다면 내면에 향기로운 에너지 운동이 일어난다. 얼굴엔 오월의 찔레꽃잎 같은 순수한 기쁨의 무늬가 여울진다. 목소리에는 성대의 경쾌한 진동에 맞추어 폴카를 추는 사랑스러운 여인이 연상되어 듣는 이에게 즐거움과 행복을 주리라.

떨어지는 한줄기 빗소리에서도 즐거움과 행복을 찾을 수

있다. 나는 일상에서 일탈 아닌 일탈에 도전하는 약간의 무모함이 삶을 한결 부드럽고 여유롭게 한다는 사실을 장마 중에 깨닫는다. 종일 내 몸에서 비 냄새가 난다.

(2023. 7. 15.)

정원 2

정원에 색과 향기가 사라지는 계절이다. 이즘 나의 거처는 무채색 옷을 입고 겨울 한철 묵상에 든다. 매년 맞는 예사의 풍경 같지만 해가 거듭될수록 집과 정원은 조화롭게 서로 닮아간다.

건물이 몸이면 정원은 옷이라고 한다. 처음 빈터에 덩그렇게 앉아 있던 거처가 을씨년스럽기까지 했는데 채소와 과일나무를 심고, 산책로를 따라 돌담도 쌓았다. 새 옷을 마련하는 일이 때로는 즐거움과 기쁨을 넘어 고된 노동이 된 적도 있었다. 하지만 씨앗 한 톨을 흙 속에 묻어두면 새의 부리 같은 연두 싹이 나와서 잎과 줄기를 만들고 꽃과 열매를 달아 나비와 새까지 불러 노래하는 옷이 되었다.

집 둘레 정원에 꽃이 피면 내 마음에도 꽃이 피었다. 펄펄한 여름 나뭇잎에 소나기라도 거칠게 쏟아지면 나는 가슴 뛰는 청년이 되었다. 열세 해를 거듭하는 사이 집과 어울리는 옷 짓는 법을 터득했고, 나는 그 일을 점점 더 즐거워하고 있다는 것을 알았다.

옷과 같은 정원 가꾸기는 창작 행위다. 반짝이는 생명의 기운을 만날 때마다 아이디어를 얻기도 하지만, 정성스럽게 준비하고 부지런히 연구하는 등의 창작 배경을 일구는 일도 중요하다. 그렇지 않으면 창작은커녕 생명은 병들어 죽거나 말라버려 건물은 개성을 잃고 남루해지기 십상이다. 화려하거나 희귀한 것이 아니어도 괜찮다. 매번 땅이 밀어 올리는 건강한 생명은 아름답고 자유로워 건물을 빛나게 하는 특별한 옷이 되기 때문이다.

인간들에게 정원은 영혼의 유토피아라고 한다. 현관 앞에 놓인 작은 화분 하나에서도 주인을 읽을 수 있다. 가꾸는 사람의 영혼이 담겨 있기 때문이다. 인간이 도시를 만들면서 정원이 생겼다고 한다. 집이라는 단순한 주거 공간에 축소된 이상세계를 들여놓고 영혼을 위로하고 보살핌으로써 완전한 안식처가 되기를 희망했을 듯하다. 놀라운 발상이 아닌가 싶다.

작고하신 박완서 선생도 만년엔 정원을 돌보고 잔디에 풀을 뽑으며 사유의 시간을 가졌다는 산문 구절을 읽은 적이 있다. 봄부터 올라오는 풀은 떨어진 몇 알의 씨앗에서 올라오는 것이 아니라 아예 흙의 구성 성분이 식물의 씨앗이더라고 했다. 시절과 인연이 닿으면 잎과 꽃을 피우는 자연의 섭리가 건물의 옷 속에 빼곡하다는 것을 발견하신 것이다. 생명 흐름의 질서를 잠시 잊고 옷 속에 박힌 보석 같은 생명을 타박하며 날마다 뽑아낸 셈이다. 선생은 정원을 가꾸면서 어느 생명이든 무연한 것이 없음을 깨닫고 곡절 많은 당신의 삶에 위안을 받은 듯했다.

세계대전의 회오리를 경험했지만 지적인 매력을 잃지 않았던 작가 헤르만 헤세도 글을 쓰지 않을 때는 치유의 공간인 정원에서 시간을 보냈다고 한다. 그는 미라처럼 비쩍 마르고, 굽은 등이 불편했을 노년에도 작업복 차림으로 거처에 어울리는 옷 손질에 깊은 애정을 쏟았단다. 글쓰기에서 도망칠 수 있는 곳이며 영혼과 즐거움이 자라고 상상이 실타래처럼 풀리는 장소라며 좋아했다고 한다. 오랫동안 그의 손길이 닿은 공간의 생명체들은 해마다 오는 색과 향기마저 본래의 것인 듯 잘 어우러져 따뜻한 위로를 주었을 것이다.

각자가 위안을 얻은 이유가 다르듯 정원의 형태와 크기는 다양하다. 도시의 창가에 놓은 제라늄 화분 하나가 될 수도 있고, 시골의 작은 텃밭일 수도 있다. 마치 할머니의 재킷과 내 것이 다르고, 아이들의 것과 내 것이 다르지만 익숙한 느낌이 좋아 소매가 닳았어도 각별한 애정이 가는 옷과 같다. 거기에 세월이라는 시간의 요소가 더해지면 집과 정원은 무량한 안정과 평화에 젖게 된다.

이처럼 화려하지도 빼어나지도 않은 나의 고졸한 정원에 홀로 설 때면 마음의 흐름은 자연계의 순환에 호흡을 맞추게 된다. 한층 맑아진 시야에 들어오는 것들은 극히 소박한 것이지만 한결같이 고유성을 잃지 않았다. 오월의 키위꽃 향의 미세한 정취를 놓치지 않고 추억할 수 있는 것도 이 공간이 갖는 특유의 담백한 매력 덕분이다. 나만이 누리는 호사인 듯 감사하다.

어제는 종일 바람이 불었다. 그리고 이별 의식인 듯 밤새 비가 내리더니 무성하던 시간이 떠났다. 올해 늦여름에 처음으로 오기 시작하던 후투티도 보이지 않은 지 꽤 된다. 기품 넘치는 왕관을 쓴 머리를 주억거리며 살구나무 아래에서 산책하던 그의 모습은 귀한 선물이었다.

며칠 전에 입동이 지났으니 수북하게 쌓인 낙엽을 피해서 걸어야겠다. 뭇 생명이 겨울나기에 들었기 때문이다. 왠지 잊고 지내던 화두를 다시 챙겨야 할 것 같다. 사람을 품고 있는 집도 눈을 감은 듯, 잠결인 듯, 묵언 수행 중인 듯 미동도 하지 않으니 나도 절로 말을 삼킨다.

본래 정원의 생명체들은 결빙의 시간과 맞서지 않는다. 바람이 지나가고 눈이 내려앉아 쉴 수 있는 자연의 배려를 깊이 새길 따름이다. 지상에서는 사과나무와 당마가목, 산벚나무, 상수리나무가 조용히 꽃눈을 키우고, 땅속에서는 돌아올 봄과 여름, 가을에 펼칠 세상을 묵묵히 준비할 뿐이다.

거처의 옷을 돌보던 나는 겨우내 맛있는 흙을 만들며 깨달을 것이다. 버려진 오물이 모여 섞이고 썩어, 부드럽고 달콤한 꽃의 향기와 아름다운 색이 되는 이치를.

(2022. 11. 16.)

물음표의 훈수

일 년 전 태풍 '마이삭'이 지나가던 날 자정의 굉음을 잊을 수 없다. 그 전해에 경주 지진의 공포를 경험한 탓인지 이번에는 아예 집이 두 동강 나는 줄 알고, 2층 서재에 있던 나는 몸이 굳어져 미동도 할 수 없었다. 그러나 시간이 지나도 바람만 세차게 불 뿐 집에는 별다른 이상이 없는 듯했다.

밤새 궁금증과 걱정으로 보내고 날이 밝을 무렵 정원에 나가보았더니 북쪽에 있던 아름드리 느티나무가 쓰러져 있었다. 직경이 58센티미터나 되는 거목의 밑동이 싹둑 자른 듯이 부러져 있었다. 집이 아니라 느티나무가 넘어진 것은 그나마 다행이라 할 수도 있지만, 사람의 마음이 어디 그런가. 열두 해를 함께한 시간을 생각하니 안타깝고 애석한 마음이 컸다.

나는 느티나무를 심을 때 그늘의 품이 넓고 두꺼워지면 쌍둥이 의자를 마련하고자 하는 염원이 있었다. 그래서 열두 해 전 같은 시기에 자작나무와 함께 심었다. 나의 바람대로 각각의 위치에서 자작나무는 곧게 위로, 느티나무는 사방으로 가지를 잘 발달시키며 해마다 그들의 진면모를 유감없이 보여주었다. 이미 성목이 되었지만 백화白樺의 몸피가 조금만 더 불어나기를 기다리던 중에 느티나무는 태풍 마이삭에 변고를 당했다.

시중에 좋은 재질로 만든 세련된 디자인의 의자가 헤아릴 수 없이 많은데 의자 하나를 만들기 위해 열두 해를 기다리던 중 그늘을 마이삭이 가져갔다는 이야기는 비현실적이다. 사실 나란 사람도 현실과 괴리가 있는 사고방식을 가졌다고 할 수 있기는 하다. 하지만 개성이란 말로 나를 살짝 가리면서 몇 마디 변명을 하자면 이런 것이다.

우리 세대는 열심히 노력해서 자녀들에게 물려주는 유산이 대동소이하다. 물론 특별한 경우도 있긴 하다. 그러나 대개 부모세대가 약간의 물질과 근면한 정신을 물려준다고 할 수 있다. 삶이란 것이 어느 세대에게 특별히 너그러움을 베푸는 일은 없다. 해서 우리는 스스로 마음의 여유를 가지고 주변을 감싸고 있는 귀한 것들을 누릴 기회를 스쳐 지나지 말아야 한다는 생각이다.

백석 시인의 〈백화白樺〉를 잠깐 소개하려 한다.

산골집은 대들보도 기둥도 문살도 자작나무다
밤이면 캥캥 여우가 우는 山도 자작나무다
그 맛있는 메밀국수를 삶는 장작도 자작나무다
그리고 甘露같이 단 샘이 솟는 박우물도 자작나무다
山 너머는 平安道 땅이 뵈인다는 이 山골은 온통 자작나무다

팔십여 년이 된 그의 시가 여전히 온전한 모습을 잃지 않는 것은 변하지 않는 자작나무의 특성이 시에 녹아 있기 때문이라는 엉뚱한 생각을 해본다. 시인은 자신의 눈가를 뜨겁게 적시는 것 중 하나가 '가난한 아버지'라고 생각을 한다지만 정작 그 덕에 풍요한 물질로부터 오롯한 자신의 세계를 남길 수 있지 않았을까. '백석의 가난'이야말로 그의 세계를 지킨 수호자였을지도 모른다. 모순되게도 궁핍은 일제 강점기의 울분에 찬 우리 지식인의 보호 수단이 된 측면도 있다.

물질의 풍요가 때로는 중요한 것을 묻어버리기도 한다. 가끔 그 속에서 빠져나와 자신과 온전한 시간을 가질 필요가 있다고 생각하여 어설픈 유산을 꿈꾸었던 것이 느티나무 아래 쌍둥이 자작나무 의자다. 이 꿈은 큰 부자가 되는 것보다 나를 설레게 하였다. 나는 아들이 어렸을 적에 키를 재고 몸무게를 달아보듯 산책길에 녀석들을 안아보고 쳐다보며 두 나무가 짝이 되어 후손들의 어느 시간을 어루만져 줄 것을 기대했다.

후손들이 자작나무 의자에 앉아 아침에는 동산의 일출을 맞

이하고 한 달 중 며칠 간은 고즈넉한 저녁에 월출을 맞이하며 그들과 함께 흐르고 있는 자신을 발견하는 감동을 맛보았으면 좋겠다고 생각했다. 소중한 인연과 나란히 앉아 아침과 저녁에 놀이 물들고 흩어지는 현상에서 존재의 일어나고 사라지는 섭리에 공감할 수 있는 여유를 가질 수 있기를 바랐다.

이와 같은 연유에서 가족과 함께한 의미가 있는 느티나무 아래에 소박한 유산을 마련하고자 했지만, 그것이 사람의 의지와 노력만으로는 이루지 못할 수 있음도 알았다. 태풍 마이삭을 통해 작은 것도 인연이 닿아야 이루어지는 게 아닌가 하는 생각을 한다. 사흘에 걸쳐 밑동이 부러진 나무의 해체 작업을 하면서 우리가 감당할 수 없는 인연인가 하는 생각마저 들었다.

어쩌면 다른 쓸모를 위해 이런 과정을 겪게 되는 것 같기도 해서 가족들의 생각이 흐르는 방향으로 따라가 보았다. 멀리 있는 아들에게도 연락했다. 모두 가족이 함께 사용할 수 있는 다용도 책상을 원했다. 느티나무는 책상으로 거듭나기 위해 벌써 일 년 가까이 몸만들기를 하고 있다. 나무의 외피가 헐거울 만큼 건조가 잘되고 있다. 올해가 다 가기 전에 느티나무는 책상으로 서재의 중심에서 우리 가족에게 기꺼운 시간을 선물할 수 있을지 기대가 된다.

원하는 바를 위해 긴 시간 계획하고 노력하지만 낯선 결과가 기다리고 있을 수 있다. 자작나무 의자에 미련을 버리지 못한 나는 느티나무 책상의 짝으로 여전히 자작나무 의자를 생각하고 있지만 열두 해 동안 준비한 일도 하룻밤에 뒤집는데 이 해가 가기 전에 책상이 되어 집 안으로 드는 느티나무는 백화와 짝을 맺을 수 있을지. 난데없이 물음표가 등장할지도 모르는 일이지만 여전히 나는 기대하고 있다. 인생이라는 여행 중에 불청객 같은 물음표의 훈수가 때로는 묘수일 때도 있다는 것을.

(2021. 8. 5.)

제4부

공범자의 고백

막 피기 시작하는 꽃은 귀엽고 사랑스럽지만 용서할 수 있을 만큼 건방지기도 하다. 십여 년이 된 정원에 처음 보는 얼굴 한 쌍이 청달개비를 닮은 푸른색 미소를 띤 채 인사를 한다. 하기는 내가 더 반가워 호들갑스럽게 인사를 했다. 처음 보는 인물이라 호기심을 주체할 수 없는 데다 자그마한 체구에서 풍기는 매력은 보통이 아니다. 지구인으로서 누리는 귀한 호사다.

잠자리에 들어도 녀석의 싱그럽고 야무진 모습 속에 감춰진 것들이 궁금하다. 고향은 어디인지, 이곳에 어떻게 왔는지, 어떤 특성을 가졌는지, 밤중에 자다 말고 손전등을 들고 다시 찾아가 본다. 어둠 속에서 둘은 자는 듯, 졸리는 듯한 눈으로 쳐다보며 그런 것들을 알아서 무엇에 쓰려 하느냐고 묻는 듯하다. 딱 부러지게 답할 수는 없지만 거두절미하고 녀석들의 이력에 대한 궁금증은 잠 못 들게 하기에 충분하지 않은가. 더구나 남들이 말하기를 지중해 쪽에서 왔다고 하니 말이다.

도시의 꽃집에는 있을 수 있겠지만 이 산골까지 올 수 있는 계기는 흔하지 않다. 더구나 해발 육백 미터의 산자락에 있는 이곳은 예전에는 과수원이었고, 지금은 십여 년째 남편과 내가 삶을 꾸리고 있는 조촐한 거처의 여백일 뿐이기 때문이다. 나에게는 무스카리라는 이름조차 생소했으니 녀석들의 내밀한 생존 방식이 그저 궁금하고, 행로가 경이로울 따름이다.

요즘 정원에는 막 피기 시작하거나 이미 피어 있는 꽃들의 향기로 어지러울 정도다. 모두 제 잘난 듯 고개의 각도가 온통 180도이다. 봄철이 되면 건방지고도 사랑스러운 생명체들과는 다르게 그들을 향한 나의 공손한 마음이 도를 넘는다. 자연스럽게 잔걸음이 되어 보폭은 좁아지고, 허리는 비굴할 정도로 구부려 내시의 자세가 된다. 사실 이와 같은 나의 태도는 그들이 밝고, 당당한 데다 자고 나면 일취월장하는 기운에 눌리기도 하지만 연약한 듯하나 강인한 생명력에 감동되어서다.

그뿐만 아니다. 올해는 무스카리란 새뜻한 멋쟁이 녀석이 온 데다가 씀바귀까지 처음으로 정원의 잔디를 뒤덮었다. 몇 차례에 걸쳐 뽑아도 며칠 지나고 나면 거짓말처럼 떼 지어 올라온다. 십여 년 동안 매해 철따라 설레는 마음으로 새 얼굴을 기다리기는 해도 올해처럼 무스카리가 오고, 한 가지의 식물이 모종을 부어놓은 것처럼 올라오는 일은 처음이다. 이 신비로운 현상이 자연스러운 천이라는 사실에 나의 호기심은 그 엄청난 생명의 비밀을 따라 우물을 파려는 듯 자꾸만 낯선 길을 나서고자 하는 충동에 사로잡힌다.

사실 흙은 수많은 씨앗으로 이루어져 있다. 그 씨앗들은 언제든지 발아發芽 조건이 맞으면 지상으로 모습을 드러낸다. 내가 사는 지역의 겨울 기온은 영하 10도에서 16도 가량 된다. 여름은 냉방기 없이 지낸다. 하지만 지난겨울은 영하 5도를 넘긴 적이 없다. 눈 대신 겨울비가 무시로 내렸고, 때로는 마을이 안개 속에 갇히기도 했다. 며칠을 제외하고는 거의 영상의 기온이었다. 씀바귀도 봄으로 여겼던 것일까. 무스카리도 지중해로 착각할 만한 환경이었던 모양이다. 이러고 보면 땅속은 AI 기술을 넘어선 최적의 환경을 갖춘 '종자은행'이 아닌가. 자연의 섭리에 감탄하면서도 식물이 겨우내 에너지를 비축하는 것이 아니라 바뀐 환경 탓에 에너지를 소모한 것이 오히려 불안하다. 기후 환경의 확연한 변화가 막상 현실로 다가오니 봄이 주는 기쁨보다 두려움이 앞선다.

올해도 나는 텃밭에 고추를 심었다. 심은 지 십여 년이 지난 사과나무에는 여전한 것 같으나 다르게 꽃이 피었다. 농작물에서 해마다 미세한 변화가 일어난 지 십 년이 지난 지금은 수

확량과 맛의 차이가 눈에 띌 정도로 다르다. 하지만 나는 기존의 파종 시기와 재배 방식을 고수하면서 마냥 수확기를 기다린다. 만약 자동차와 스마트폰에 이상이 있었으면 진즉에 새로운 방식을 찾았을 것이다. 자연의 작은 변화가 주는 큰 메시지임에도 나는 익숙했던 지난 시간에 미련을 버리지 못하고 있다.

다행히 지구 환경의 변화를 감지한 사람들은 곳곳에서 인류의 불행한 미래를 막으려는 노력과 준비를 하고 있다. 세상사의 이치가 불을 내는 자가 있으면 끄는 자가 있다고 했던가. 지구의 온난화를 부추기고, 핵전쟁을 꿈꾸는 사람도 있지만, 지구의 대재앙을 염려하고 대비하는 사람도 있다. 국제사회는 인류에게 닥칠지도 모르는 불행한 미래를 대비하기 위한 준비를 해 오고 있다.

북극에서 1,300킬로미터 떨어진 노르웨이 스발바르에 세계 최대의 국제 종자저장소가 있다.

섬 전체 면적의 60%가 빙하인 지구상에서 가장 메마르고 척박한 곳이라고 한다. 인류가 멸망하고 최후의 생존자가 있다면 이곳에 저장해둔 식량 종자로 다시 시작하기 위해서다. 우리나라에는 경상북도 봉화에 야생식물 씨앗만 보관하는 '시드볼트'가 스발바르 국제 종자저장소에 이어 세계에서 두 번째로 세워졌다.

국제사회가 인류의 미래를 대비하는 움직임이 활발한 것은 다행이기도 하지만 지구 귀퉁이에 살고 있는 평범한 촌로까지 느낄 만큼의 변화는 지구 환경이 심각한 상황에 이르렀다는 말도 된다. 처음 이곳에 들어왔을 때는 해마다 초대하지 않아도 단장을 하고 찾아와 주는 새로운 생명 앞에서 감동하고 행복했다. 그러나 주변의 토양이 늙어가고 그곳에 뿌리를 둔 식물의 기운이 희미해져 가는 온난화의 흔적을 보며 둔감하던 나마저 기후 환경의 눈치를 보기에 이르렀다.

한때 나는 그들의 통치자라도 되는 듯 제법 직권을 행사한 적도 있다. 임의로 자리를 여기저기 옮겨놓았다. 하지만 철마다 찾아오는 놀라운 변화에 나도 한몫한 듯해 막 피기 시작하는 꽃의 시건방진 모습 앞에서 마냥 행복할 수만 없다.

(2020. 6. 2.)

밀픠유

여름의 안개 덮인 산마을 새벽은 몽환적이다. 고혹적인 자태의 자목련 꽃이 짙은 녹색 잎사귀 사이로 내 마음을 훔치던 어느 날, 발을 헛디뎌 넘어지고 말았다. 발목뼈가 부러졌는데도 마주한 풍경이 너무 강렬해 지금도 그때의 고통에 대한 기억은 희미하다.

사월에 한 번 다녀갔는데 칠월에 또 온 목련이 마냥 반갑기만 했나. 한 해에 두 번씩 찾아오는 개화가 자연스러운 일이 된 지 십 년이 되어간다. 이처럼 꽃은 언제 와도 반갑고 기쁨을 주는 존재다. 하지만 꽃의 색깔은 해가 거듭될수록 선명함을 잃어가고 모양도 노인의 파마 머릿결처럼 부산스럽다. 근년에는 아예 꽃철이 오면 정신이 사나울 정도다.

그뿐만 아니다. 모란은 한 그루에 두 가지 색깔의 꽃이 피기 시작한 지 서너 해가 되었다. 천 겹 만 겹의 느낌을 주는 조밀한 꽃송이는 소쿠리를 달아놓은 듯 커서 꽃줄기는 버겁고 불안전해 보인다. 푸른 잎사귀 뒤에서 수줍은 듯 세상을 곁눈질하던 예전의 풋풋하고 단아하던 모란의 모습은 찾아볼 수 없다. 왠지 해가 거듭될수록 오롯이 꽃 마중을 하기엔 심사가 복잡하다.

벌과 꽃향기가 사라지고 있는 봄은 시들하고 서글프고 걱정스럽다. 벌에 쏘이고 나비에 농락당하는 등 유난스럽던 나의 봄 멀미는 추억 속의 일처럼 아련하다. 그 까닭이 괴테의 식물변형론 중 불규칙 변형을 초래하는 원인과 맥이 닿아 있는 것 같다. 기후 환경의 변화도 원인 중에 많은 부분을 차지하는 게 사실이다.

어린 시절에는 봄 여름 가을 따라 꽃 피고 열매를 다는, 식물의 규칙적인 변화를 경험하였다. 자연의 순행적 흐름이었다. 그러나 흐름의 불규칙으로 인해 무기력해진 자연이 해마다 낯선 모습으로 찾아와 당황스럽다. 일시적이 아니라 매년 이어지고 있어 그냥 보고만 있을 수 없다는 생각에 거처 주변의 모습을 일기와 사진으로 남기고 있다. 이곳에 들어오고 오륙 년까지는 십일월에 눈이 내리기 시작해 이듬해 사월까지 이어졌고 잔설은 오월까지 볼 수 있었다. 특히 삼사월의 상고대는 이국적인 풍경을 연출해서 무시로 설렘을 경험했다. 지금은 겨울에도 눈이 오지 않는다. 강추위는 넉 달의 겨울 중 일주일이 채 못 된다. 한파 대란 이야기는 추억의 문장이 되어 가고 있다.

자연의 흐름이 불규칙해지니 식물의 생장과 성장에도 그 영향이 미친다. 혼란스럽고 무기력해진 생명의 불규칙 변형은 복잡한 색깔로, 천만 겹의 꽃잎으로, 이른 개화로, 냉해 등으로 나타나 외면할 수 없는 이 시대의 과제가 되었다. 세상은 흔들리고, 불확실성이 깊어지는 느낌을 지울 수 없다.

이처럼 수많은 요인이 혼재된 변화의 소용돌이 속에서 살아남은 빛나는 존재를 '밀푀유'라고 할 수 있을 듯하다. 밀푀유는 본래 프랑스어로 천 겹의 잎사귀라는 뜻이라고 한다. 고급 디저트로 널리 알려진 바와 같이 여러 겹의 밀가루 반죽 사이에 다양한 맛과 모양의 고명이 어우러져 누대에 감동을 주는 일가를 이루는 음식이다. 그뿐만 아니라 시대의 메시지를 담고 태어나 계속 진화하고 있는 먹거리이라고 할 수 있다.

겹겹이 포개진 밀푀유를 관찰하다 보면 내 관심의 뿌리는 프랑스 혁명 전후의 프랑스 사회와 그 구성원들의 복잡미묘한 심리에 닿는다. 오랜 역사를 지닌 음식에는 당대 사람들의 생존환경이 녹아 있다. 식물의 세계와 마찬가지로 인간 사회도 규칙이 어그러지기 시작하면 기존의 틀이 흔들리고 무기력해져 혼돈에 빠진 정체 구간을 경험하게 된다. 궁핍과 불안, 혼돈과 절망 그런 가운데 인간은 음식을 통해 위로를 주고받으며 낯선 환경과 거리가 좁혀지고 다시 희망도 가질 수 있게 된다. 여기서 희망은 소용돌이 뒤에 남겨진 무한한 창조력과 새로운 힘을 내포한 밀푀유라고 생각한다.

21세기의 지구촌은 어느 때보다 정체 구간이 많으며 다양한 어려움을 겪고 있다. 전쟁 중이거나 내분에 싸인 나라도 있지만 가장 크게 흔적을 남긴 게 코로나19 사태가 아닌가 싶다. 아직도 여진 속에 인류는 극한의 시간에 놓여 있다. 그러나 얼마간의 시간이 더 지나면 생면부지인 여러 종류의 밀푀유를 만나게 되리라. 인류는 그 환경에 또 적응하면서 인류사를 이어갈 것이다.

프랑스 혁명 전후에 생성된 다양한 변화의 에너지들이 만들어낸 당시 지친 사람들을 위로하는 상징적인 먹거리였을 듯한 밀푀유. 혼란스러운 상황에서 시민들의 심리는 달짝지근한 음식에 많은 위안을 받았을지도 모른다. 모름지기 음식이란 인간의 심리에 영향을 미치는 사회적 환경과 유리될 수 없다. 천만 겹의 복잡한 시대적 상황을 담아 뜻밖의 새로운 문화로 승화하는 것은 사유하는 동물인 인간의 특권이다. 그런 만큼 억지스러운 면이 있지만 프랑스 혁명 전후의 과도한 사회의 피로도는 밀푀유의 탄생 이유로 유추해볼 수도 있지 않을까 싶다.

기후 환경의 변화로 상상하지도 못했던 생태계의 변해가는 충격적인 모습 역시 시간이 지나면 익숙해지고 나름의 존재 기반을 만들 것이다. 인류의 대재앙인 전염병이나 거처 주변에서 그런 모습을 보는 내 마음은 천 겹이 아닌 만 겹으로 불규칙한 변형이 이루어지고 있는 듯하다. 아마도 현대를 살아가고 있는 모두가 공감하는 바일 수도 있다. 그러나 생명에는 기특한 속성이 있다. 어떤 상황에서도 가장 큰 목표는 '존재'하는 일이다. 그것은 생경한 맛과 느낌이 공존하는 환경에 용감하게 적응하면서 다양한 맛의 밀푀유로 살아남는 일이다. 크게는 국가 체제의 변형으로, 새로운 생활 방식으로, 음식으로, 언어로, 예술로.

소쿠리 같은 천만 겹의 모란이 피면 시련의 시간을 건너온 위대함에 경의를 표해야 마땅하리라.

(2023. 6. 20.)

바람의 아들

얼마 전 필통에서 '바람의 아들'이 보낸 전달문을 발견했다. 볼펜 대에 흰색으로 전화번호와 '퀵'이란 이름을 명징하게 새겨둔 것이 눈에 띄었다. 그동안 볼펜을 쓰면서도 그 문구를 예사로 봤다. 펜의 종류라면 가리지 않고 좋아하는 사람이다 보니 나에게 오게 된 경위도 잊은 채 모아 둘 때도 있다. 볼펜을 써보니 볼이 나긋나긋 친절하게 구르면서 뒤가 맑아 마음에 쏙 든다. 내친김에 그리운 시, 이광수 님의 〈임네가 그리워〉* 를 써 보았다.

---

* 《조선문단》(1925년 3월호)에 실린 시.

꽃이라도 싶겠습니다

형제여 자매여
무너지는 돌탑 밑에 꿇어앉아
읊조리는 나의 노랫소리를
듣는가— 듣는가

형제여 자매여
깨어진 질향로에 떨리는 손이
피우는 자단향의 향내를
맡는가— 맡는가

형제여 자매여
임네를 그리워, 그 가슴 속이 그리워
성문 밖에 서서 울고 기다리는 나를
보는가— 보는가

— 이광수, 〈임네가 그리워〉

창작하실 때 흘린 선생님의 눈물 바람 냄새가 나는 듯하다.

세상이 광고시대라 차고 넘치는 것이 광고문구지만 보낸 이가 '바람의 아들'이라며 특별한 관심을 부탁한 듯하니 그냥 흘려버릴 수가 없다. 어느 날 거래처에 급하게 물건을 보낼 일이 생겨 전화를 걸었다. 과연 이름처럼 눈 깜짝할 사이에 휙 날아왔다. 그렇게 우리는 봄바람이 일기 시작할 때부터 일주일에도 몇 차례씩 만났다. 언제나 정확하고 안전하게 제시간에 목적지에 물건을 전해주었다.

어느 때는 반대로 나에게 누군가로부터의 물건을 가져다주기도 하는데 그때 땀에 젖은 퀵 씨의 곁을 지나가는 한줄기의 바람은 매섭고 차갑다. 생존이란 가속도가 붙어서인지 사람 사이에 정이 비집고 들어갈 틈조차 찾기 어렵다. 나는 가끔 퀵 씨에게 부탁하고 싶다. 세상은 생각보다 넓고 만나지 못한 바람은 더 많고, 성향도 모두 다르니 너무 서두르거나 당황해하지 말라고. 인생의 정거장에서 잠시 만난 바람일 뿐이니 곧 지나갈 거라고. 그러나 내가 생각해도 참으로 어설프고 무책임한 위로의 말이다.

언젠가 아들이 지나가는 말처럼 어른들이 젊은 사람에게 건네는 충고나 조언이 듣는 당사자에게 역기능을 할 때도 있다고 했다. 요즘은 세상의 흐름이 이상 기후와 닮아서 가끔 당사자를 혼란스럽게도 한단다. 하지만 퀵 씨에게 무엇이라도 해야만 할 것 같은 민망한 상황이 이 나라 안에서 날마다 벌어지고 있는 것이 여간 불편한 게 아니다. 수많은 바람이 지나갔는데도 끝없이 몰려오고 있다. 눈을 감아도 일부 몰지각한 사람들이 분탕질하며 지나가는 모습이 온몸으로 느껴진다.

일자리 가뭄에 제때 졸업하지 못하는 일이 예삿일이 되더니 뜬금없이 코로나19 바이러스의 광풍이 몰아쳤다. 이번에는 퀵 씨뿐만 아니라 온 나라가 숨을 죽인 채 지나가기를 기다린

지 한 해가 지났다. 위정자들은 입으로만 대책을 강구할 뿐 전심전력을 다하고 있는지 도대체 모르겠다. 바람은 물러갈 낌새를 보이지 않고 쉬었다가 휘몰아치기를 반복해 사람들은 지쳐 있다.

그사이 지독한 바람이 또 불었다. LH 한국토지주택공사 직원들이 내부의 비밀 정보를 이용해 토지 투기를 한 사실이 세상에 드러났다. 이 기사는 토네이도 급이다. 이들의 잔기술에 감탄을 금할 수 없다. 일명 쪼개기, 알박기, 묘목심기 등 국민의 세금으로 월급을 받으면서 땅따먹기 놀이를 하고 있었다. 공무원은 물론 정치인들까지 가담해 욕심에 마침표가 없는 동물사회라는 것을 여실히 증명했다. 종잇장보다 얇은 그들의 지성에 실망하지 않을 수 없다.

그 와중에도 언론을 통해 위정자들은 '평등, 공정, 정의'를 날마다 외쳐대며 국민의 오장육부를 휘저었다. 혼돈의 도가니에서 나라가 녹아내릴 것 같더니 잠잠해지고 있다. 문제는 해결되었는지 확실하지 않다. 다만 너도나도 입술로만 죄송하다는 온기 없는 말 조각을 밥에 뉘 골라내듯 뱉고 있다. 밥그릇 밖으로 버려진 뉘는 밥으로 인정하는 법은 없으니 그들의 일처리 방식이나 말은 국민의 마음속에 이미 밥의 뉘가 되었을 터다.

퀵 씨가 바람의 아들로 살면서 과연 더 나은 직업을 구하고,

비를 피할 수 있는 집 한 채를 소유할 날을 꿈을 꿔도 될까. 봄이 무르익는 사월의 바람이지만 사람들 사이에 이는 바람이 피부에 닿을 때마다 한기를 느낀다. 서늘한 이 바람은 가난한 사회를 의미한다. 미국의 희곡 작가 유진 오닐은 가난은 치명적인 질병이라고 했다. 어느 사회나 가장 경계하는 일이지만 유감스럽게도 우리 사회에도 널리 퍼져 가고 있다. 희한한 바람이 시도 때도 없이 불면 국민은 이 질병에 쉽게 노출될 수밖에 없다. 가난은 부끄러운 불치병이 아니다. 그러나 그것을 방치하는 정부나 개인은 무책임하고 무능하다.

지금은 나라를 잃었거나 국민이 자유를 잃은 설움에 어느 애국지사가 밤을 잊고 목놓아 울어야 하는 상황도 아니다. 현재의 대한민국은 대개의 국민이 고등교육을 받아 양질의 인력을 갖췄으며 경제적 체력뿐만 아니라 문화 수준 또한 국제사회에서 떨어지지 않는다. 새로운 세계를 열 수 있는 사유능력이 뛰어난 석학이 남부럽지 않은 나라가 되었다. 이 정도면 필설로 드러내지 않아도 누가 무엇을 어떻게 해야 하는지 우리는 알고 있다.

퀵 씨가 하루걸러 보내는 절실함이 담긴 광고문의 유효기간은 짧으면 짧을수록 좋은 사회다. 그들이 즐거운 마음으로 건물의 계단을 용수철처럼 뛰어 오르내리며 다음 정거장으로 갈 준비를 하는 게 정상이다. '다음'이라는 미래가 보이지 않을 때는 가을의 추수 마당에 서 있어도 보릿고개로 느껴지는 것은 인지상정이다.

고단한 세월은 그 시대를 사는 구성원들의 지혜와 선택, 그리고 노력 부족의 영향이 크다. 곧 오월이 온다. 가족과 가정을 소중히 하는 가정의 달이다. 일 년 중 오월의 바람은 청량하기로 으뜸이다. 한층 맑아진 세상 속으로 제비처럼 날렵하게, 그러나 여유 있게 달리는 '퀵 씨'를 보고 싶다. 하지만 통렬한 자성의 계절임을 부인할 수 없다.

(2021. 4. 27.)

미나리 원더풀

일간지를 펼치는 일이 두려운 요즘이다. 큼직큼직한 기사들의 제목이 너무 충격적이다. 나라가 투기의 천국이 되어버린 듯하다. 어느 시의 공무원이 제방까지 샀다는 기사가 조족지혈일 정도다. 코로나19 상황이 발생한 지 일 년이 지나도록 일상을 누르고 있는 만만찮은 불안감에다 서민들의 역린을 건드린 LH 직원들의 토지 투기 사건은 많은 사람의 감정을 미아로 만들었다. 마치 단테의《신곡》지옥편을 보는 듯 나의 심장도 평화롭지 못한 날이 늘어간다.

지난 한 해는 걱정과 비난, 반목과 대립에 의한 불통 때문에 국민은 불행의 증후군에 시달린 해였다. 자존감마저 떨어지고 꿈과 희망이란 단어도 접한 지가 오래된 듯 나날이 활기를 잃어가던 중 영화 〈미나리〉 이야기가 우리 사회에 등장했다. 자신도 모르는 사이에 우리는 불신의 터널에 갇혀 반복되는 부정의 메아리에 정제되지 않은 답을 하며 시간 낭비를 하고 있다가 '미나리 출구'를 만난 것이다.

2020년에 제작된 이 영화의 티저 영상은 밤새워 신열에 시달리다 해열제를 먹은 듯 안정을 찾게 해주었다. 자연을 받치고 있는 소박한 야생의 풀숲을 걷고 있는 할머니와 손주를 보는 순간 노배우는 이미 나의 조모가 된 듯 가슴에 평화를 안겨주었다. 제대로 된 영화 감상을 위해 일단 주방으로 내려가 차 한 잔을 들고 다시 서재로 돌아왔다.

지구가 팬데믹에 매몰되어 아우성치는 동안 〈미나리〉는 특별자치구가 되어 인류의 정서적 백신을 만들고 있었던 것이다. 나는 기꺼이 그 백신을 맞기로 하고 감독 정이삭, 할머니 윤여정이란 자막이 흐르는 영상과 마주했다. 빵을 굽지 못하고, 할머니 냄새가 나도 당당할 수 있는 한국의 할머니, 삶은 밤을 씹어 병약한 손자에게 내밀다 거절을 당하지만 오히려 굿 보이, 뷰티풀 보이, 스트롱 보이라며 주문을 걸듯 용기를 주는 할머니.

그녀의 주요 대사는 '미나리 원더풀!'이다. 나도 미나리 원더풀, 윤여정 원더풀, 한국 할매 원더풀, 정이삭 원더풀을 외치며 영화를 봤다. 영화 감상을 이야기하고 싶은 게 아니다. 팬데믹에 휩싸인 이후 사람들의 언어는 각지고 거칠어졌다.

억울한 이가 많다는 말이다. 하지만 부정과 절망의 기운은 개인의 불행을 구제할 수는 없다. 인생은 결국 이성을 바탕으로 한 각자도생이다. 나를 굳건히 하고 자기 발전에 힘쓸 때 주변에도 좋은 영향을 미치며 개인도 존재의 자격을 갖추게 된다.

윤여정은 우리에게 익숙한 칠십 대 중반의 배우다. 그녀에 대한 스토리가 어느 정도 알려졌으나 그녀를 한 문장으로 묶으려고 하면 정작 복잡해진다. 그러나 영화 〈미나리〉는 그녀의 인생 전체를 한 문장으로 정리했다. "미나리 원더풀!" 정이삭은 미국 이민자 2세라고 한다. 미국에서 태어나고 자란 사람이 어찌 모국의 강토에서 자라는 미나리의 특성을 잘 이해하고 그와 어울리는 윤여정 배우와 호흡을 찰떡처럼 맞추었는지 그야말로 '원더풀'이다.

내가 경험한 바에 의하면 미나리는 알맞은 기온에 물이 있는 곳이면 잘 자란다. 어린 시절 고향 마을에서는 집집마다 맑은 물이 흐르거나 물기가 비치는 곳에 미나리꽝을 만들었다. 그냥 심어두기만 하면 가족들의 반찬이 되고 상비약이 되었다. 아무데서나 자라는 데다가 무침, 나물, 찌개, 전뿐만 아니라 약재로도 쓰였다. 그 자태는 정갈하고 반듯하며, 향기롭기 그지없다. 누구에게나 친숙하고, 도움을 주는 귀한 식물이다. 한국 할머니 윤여정의 삶과 닮은 데가 많다.

정이삭과 윤여정이 만들어낸 코로나19의 정서적 백신의 설

명서 내용은 어느 곳에서든 어떤 상황에 놓이더라도 생존을 위한 노력이 우선되어야 한다는 것이다. 지금 종말이 온다고 해도 삶의 순간을 기만해서는 안 된다. 그 값을 할 수 있는 생명체는 오로지 사람뿐이기 때문이다.

나란 사람이 지난 일 년간 보고 듣고 한 일이 무엇인지 정리가 잘되지 않는다. 그중에 꼽을 만한 것이 없다는 것은 이런저런 핑계로 한 해를 쭉정이로 만들었다는 말이다. 누구나 겪는 그 일이 나에게만 일어나는 듯 엄살을 부리면서 오롯한 나의 순간을 방치했을 수도 있다. 실존의 위대함을 간과했다는 의미이기도 하다.

윤여정 배우가 외국 언론과 미나리와 관련해서 인터뷰하는 장면을 보면 솔직하고 당당했다. 그녀의 자신감 넘치는 영어의 한국식 어감에 사람들은 미소를 머금고 경청했다. 영어의 원산지를 한국으로 착각하게 만든 그녀의 개성 넘치는 실력에 나도 반했다. 누구나 가능할 것 같지만 결코 쉽지 않은 일을 자연스럽게 할 수 있는 힘. 대동소이하지만 미세한 그 차이가 때로는 우리 사회의 소금이거나 해독제가 될 수도 있고, 도약을 유발하는 촉진제가 될 수도 있다. 〈미나리〉가 사회에 미치는 영향은 그런 것이 아닌가 싶다.

노배우의 연기에 세계인이 감동하고 찬사를 보내는 까닭은 긴 시간 자유로운 생활을 기다리다 지친 사람들에게 위로를 줬기 때문일 것이다. 따뜻하고 자애로웠던 일상으로 다시는 돌아갈 수 있을 것 같지 않은 냉혹한 현실에 맞설 수 있는 용기를 준 것 또한 감동할 일이다.

무엇보다 언제부턴가 시도 때도 없이 올라오던 나의 '천불'을 재워줘서 감사하다. 불뚝하는 성격의 소유자는 유약하거나 이성적이지 못해 리더의 자질은 없고 소시민으로 살 팔자라고 소크라테스는 말했다. 소시민의 자질마저 바닥을 보인 지 꽤 되었다. 세사를 삐딱하게 보던 내 눈에 들어온 미나리 원더풀! 나도 다시 원더풀!

(2021. 3. 23.)

성형외과 동기생

두 해 가까이 고객의 눈치를 살피며 지내고 있다. 눈만 내놓고 사는 세상이 되어 눈썰미가 없는 나에게는 여간 불편한 일이 아니다. 어지간히 친밀한 사이가 아니고 가끔 만나는 사람이라면 단박에 알아보기는 쉽지 않다. 그것도 여러 사람이 동시에 다가올 때는 상대방의 특징을 찾는 일에 집중할 수 없어 더욱 곤란을 겪는다.

'마스크 여사' 두 분이 왔다. 전에도 우리 가세를 찾은 적이 있는 듯한 분위기다. 하지만 얼굴 가리개에 가려 겨우 드러난 두 눈과 이마만으로는 짐작조차 할 수가 없었다. 음성만으로 상대를 알아야 하는 상황이 된 셈인데 그마저도 여의치 않았다. 어쩔 수 없이 경망스럽게 감히 고객님의 눈을 빤히 쳐다보게 되었다.

나는 순간 당황했다. 검고 반짝반짝한 윤기에다 천진스럽기까지 한 두 사람의 눈이 도리어 나를 쳐다보며 웃고 있지 않은가. 거기에다 두 사람의 눈 네 개가 똑같아 보일 정도로 서로 닮아 혼란스러웠다. 한 사람의 눈이라 해도 양쪽의 크기가 조금 다른 경우가 흔하지 않은가. 속수무책의 상황이 갑갑해지려 할 때 한 사람이 유쾌하게 웃으며 "우리 성형외과 동기예요. 같은 의사에게 수술했어요."라고 했다. 동기와 동창이란 말은 자주 듣는 편이지만 '성형외과 동기'란 말은 처음 듣는지라 흥미로웠다.

장난기와 쾌활함이 묻어있는 눈동자를 마주하자 긴장이 풀렸는지 나도 모르게 파안대소하고 말았다. 그녀는 한술 더 떠서 "우스워 죽겠지요?" 하는 게 아닌가. 웃을 일이 적은 세상이 된 지 꽤 되었다. 그래서인지 웃지 않는 얼굴을 그리 이상하게 여기지 않던 차에 마스크 속 그녀들의 입꼬리 방향이 위로 향했을 것을 생각하자 구름이 걷힌 듯 마음이 가벼워졌다. 잠시였지만 오랜 지기처럼 말을 주고받았다.

이태 동안 우린 코로나의 그늘에서 본 적도 없는 그들의 위협적인 분위기에 일상의 많은 부분을 잠식당하면서 지내온 것이 사실이다. 어쩌면 우리는 개인의 자유에 대해 소극적이었는지 모른다. 정부에서 발표하는 매뉴얼에 따르고, 조심하고, 자제하고, 불편함을 참고, 기다리는 일이 당연하다고 여기면서 답답한 일상에 익숙해지고 있었던 것 같다.

성형외과 동기생은 사십 대의 직장 여성으로 쉬는 날이라 김장 준비를 위해 장을 보는 중이란다. 사전에도 없는 동기생이 된 이유에는 시대의 상황에 공감대가 있었을 테다. 코로나 상황이라 하루를 거의 직장과 가정이라는 한정된 공간에서 보내자니 심리적인 압박감에 시달려 정신과 방문이라도 해야 할 듯했다고 한다. 자구책으로 평소의 콤플렉스였던 짝눈 성형을 시도해 본 것이란다. 능동적인 변신이었으며, 자신감을 얻은 것 같다고 했다. 주변까지도 '밝게 하는 씨앗'이 생긴 듯해 그 여세를 몰아 처음으로 직접 김장을 준비 중이라고 했다.

'밝은 기운의 씨앗'이란 대목에서 나는 밑줄을 긋고 싶은 충동을 느꼈다. 코로나 상황에서 표면적인 문제 해결보다 선결되어야 할 부분이 개인의 내면에 드리워진 그늘이 아닌가 싶다. 그 후유증은 생각보다 클 것이다. 정부나 특정 전문가의 노력만으로 극복하기 어려운 일이다. 개인의 의지가 전제돼야 정상적인 일상으로의 회복이나 변화된 환경에 적응이 가능할 수 있을 것이다.

마스크 부인들은 감은 듯한 작은 눈을 핸디캡으로 여겼던 모양이다. 과감하게 현대 의술의 도움으로 문제를 감쪽같이 해결한 듯 시원스럽고 아름다운 눈으로 웃는다. 그렇게 얻은 자신감으로 활기를 일으키고 그 기운으로 주변도 긍정의 방향으로 일깨우는 일은 의미가 있다. 현실 문제의 본질을 성형외과 동기생은 공감했던 것일까. 비슷한 기운을 느끼고 있는 듯이 보였다.

사실 팬데믹이 오자 당황한 정부는 물론 언론까지 나서서 세계적인 석학에게 경험하지 못한 미래로 가는 길을 물었다. 매우 전문적이고 고차적인 견해를 말했지만 결국 고난의 시간을 지나 새로운 세상에 적응해야 한다는 말을 해법으로 내놓기도 했다. 하지만 이런 일련의 처방은 코로나로 생긴 사람들의 상처를 치유하고 떨어진 사기를 끌어올리는 완전한 묘책은 될 수 없다.

마스크 부인들이 보여준 '밝은 기운의 씨앗'에 어쩌면 답이 들어 있을 수도 있다. 최근 주변에서도 움츠리고 있던 몸과 마음을 깨우려는 노력이 번지고 있다. 역사 속의 환란을 건너는 진정한 영웅은 늘 민초들이었다. 평범한 서민들의 자각이 난제를 극복하고 새로운 세계를 열었다. '위드 코로나' 이후 확진자가 무서운 기세로 늘어남에도 불구하고 밝은 기운은 잦아드는 것이 아니라 확산하고 있다. 그동안 위기를 감당할 정신 무장이 되었다는 의미일 것이다.

전쟁보다 무서운 희생을 내는 것이 팬데믹이다. 전쟁 영웅은 기념비가 있고, 그들의 용맹이 전설처럼 역사 속에서 시대마다 살아난다. 하지만 팬데믹의 영웅은 좀 다르다. 많은 불안과 불확실성에 시달리며 피폐해진 상황을 국가와 국민이 함께 건넜을 때 가능한 집단 영웅이다. 존재 자체가 기념비라고 할 수 있을 것이다.

마스크 부인들의 변화를 위한 소박한 노력에서 긴 시간에 걸쳐 코로나 상황을 건너고 있는 우리의 성숙해진 자세를 보았다. 어쩌면 삶이란 위기의 연속인지도 모른다. 다만 코로나의 상황은 낯설어 통제 방식을 찾는 데 시간이 좀 걸리고 있을 뿐이다. 어느 여론 조사에서도 다수의 국민은 곧 팬데믹 상황이 극복될 거라고 믿는다고 했다. 세상은 믿는 대로 흘러가는 경우가 많다. 그것은 믿는 쪽으로 에너지를 모으기 때문이 아닐까.

(2022. 2. 15.)

제5부

분칠하는 시대

나이가 무색할 정도로 외모가 아름답고 말솜씨도 유려한 유튜버가 내 눈길을 사로잡았다. 연륜이 느껴졌지만 워낙 고와서 나이라는 숫자를 무시하고 싶었다. 은연중에 그녀의 정보를 검색하고 있다. 나보다 오히려 한 살이 위이며 젊은 날의 활동은 활발하고 화려했다.

내가 갖지 못한 그녀의 말솜씨에 강한 호감을 느껴 지나간 유튜브 영상까지 찾아보았다. 과연 무엇 하나 어긋나는 구석이 없는 언술이다. 말하는 입 모양과 구사하는 어휘, 무엇보다 말할 때의 표정을 읽는 맛은 다양하고 맛깔스러워 방송이 더욱 풍성했다. 며칠간 구독자가 되어 그녀의 매력에 푹 빠졌다.

말도 화장을 하는 시대인가 보다. 오래 집중하다 보니 얼른 스쳐 지나가서 놓칠 수 있을 듯한 말의 민낯이 눈에 들어온다.

나태주 시인의 〈풀꽃〉 중에 "오래 보아야 사랑스럽다"라는 문장이 나온다. 스쳐 지나면 모를 인연의 본질도 유심히 보면 만나게 된다는 의미일 것이다. 우리가 만나는 세계를 자세히 그리고 마음을 모으면 대상의 진면목을 마주할 수 있다는 말이 된다.

생각의 폭을 조금 넓히니 말뿐만 아니라 세상의 일에 분칠되어 있지 않은 것이 별로 없다. 다만 그 분칠을 우리 스스로 인정하는 것과 묵인하는 두 가지가 존재하는 것 같다. 가령 배우들이 맡은 인물의 역할을 돕기 위한 분장, 일본 게이샤나 마이코의 오시로이라는 흰색 분칠은 본래의 피부색을 감추는 일, 여성의 미를 위한 화장이나 예복을 들 수 있을 것이다. 그러고 보면 모든 생명체의 분칠(위장)은 공식, 비공식의 존재 수단으로 인정되고 있는 셈이다.

그러자니 자연스럽게 지나친 분칠을 제어하기 위한 눈치가 동전의 양면처럼 인간의 심리에 장착된 것이 아닐까. 좋게 말하면 느낌을 조절하는 일이다. 의미가 조금은 비켜선 듯하지만 우리는 이를 뭉뚱그려 '눈치'라고 표현하기도 한다. 나는 분칠한 대상의 표정 읽기에 관심이 많다. 사람을 비롯한 기타 생명체와 심지어 장작이나 돌, 지표면, 개천에 흐르는 물결까지도 보이는 것 너머의 표정과 의미 읽기는 본질의 무늬로 다가와 흥미롭다.

아름다운 인생 선배의 유튜브 방송을 보면서 분칠한 아래에 있을 듯한 그녀의 귀여운 모습을 발견한다. 좋게 말하면 귀엽지만 부정적으로 말하면 과욕이 보였다고 할 수 있다. 연륜에 따라 감출 수 없는 것이 있다. 그것은 세월의 힘이 만든 고집과 욕심이다. 이는 본인의 의지가 아니면 '금강석'으로도 끊을 수 없는 것, 오랜 세월 체화된 습관 비슷한 것일 게다. 그녀가 업로드한 영상을 시간대별로 꾸준히 시청하다 보니 그녀도 깨닫지 못했을 듯한 변화가 색깔로 드러난다.

그녀는 처음 의도한 바와 다르게 누군가를 평가하고 구독자들의 성향을 따라가느라 객관성이 흔들리고 있었다. 모호하거나 다의적 어휘를 선택할 때도 있었다. 그것은 듣고 보는 사람의 관점에 따라 달리 해석될 수 있기에 위험하다. 특히 인물을 평가하는 일은 매우 조심스러운 일이다. 그것도 현역이거나 젊은 사람일 경우에는 방송이란 매체를 타게 되면 당사자에게 득이 되는 경우를 넘어 화가 될 때는 날벼락이 될 수도 있다.

그녀도 말에 분칠하고 있었다. 그것은 그녀와 비슷한 입장의 많은 사람에게 자신을 위한 보호막이기도 하고 경계이기도 하다. 언론의 자유, 표현의 자유라는 분칠의 덕을 볼 때가 많다. 그러나 앉아서 조금만 들여다보면 게이샤의 오시로이 같은 가리개라는 것이 보인다. 위험하기 짝이 없는 일이다. 분칠의 힘에 지나치게 의지하다 보면 늪이 될 수도 있다. 누군가득을 보면 상대는 손해를 보게 마련이다.

유튜브는 현대인에게 많은 정보를 제공하는 놀라운 신천지다. 남녀노소는 물론 자격에 제약을 거의 받지 않아 보인다. 참 매력적인 세계다. 거기에다 더욱 입맛을 끄는 것은 잘만 하면 '황금어장'이라는 것이다. 하루에 열일곱 시간 정도 일을 해 생계를 해결하는 나 역시 도전해 보고 싶은 충동을 느낀다. 끝없이 확장이 가능한 세계에 자신의 왕국을 건설할 수 있는 엄청난 매력 앞에 눈감을 수 없다.

세상은 진화와 변화로 끊임없이 움직인다. 그 주체들의 양식과 능력은 인간 삶의 질에 빛과 그늘을 만들 것이다. 자신들의 황금어장을 위해 유튜버들은 구독을 강요하듯 호소한다. 그와 반대로 내가 아는 어느 유튜버는 구독을 강요하지 않는다. 거북이형이다. 입로느된 그의 영상은 진심과 성실이 녹아 있어 유튜버 매너 교과서가 되어도 손색이 없을 듯하다.

우리는 직업을 갖기 위해 오랫동안 공부를 하고 심신의 건강을 단련한다. 직장에 들어가서도 자신의 업무를 훌륭하게 수행하기 위해 끊임없이 노력한다. 다른 일도 마찬가지다. 쉬운 일은 역사 속에 길이 남아 있지 않다. 분칠한 것은 언젠가 속살이 드러나기 마련이기 때문이다.

황금을 물어다 주는 구독자의 욕구를 따라 다니기만 하다 보면 시간이 흘러도 자신의 길은 없을 것이다. 철새 같은 구독자의 입맛에 맞는 것만 만들어 올린다면 시대를 선도하는 사람이 아니라 철새구독자들의 잔심부름만 하다 끝날지도 모른다. 신천지에 향기로운 성을 건설하고 싶다면 구독자의 욕구를 건강하게 자극하는 능력에다 겉과 속이 홍시 같은 매력을 갖추는 일이 우선이다. 근사한 일의 원천은 분칠 너머에 있는 진심과 성실한 노력인 듯싶다.

(2020. 8. 15.)

사라져 가는 경계 위에서

계절마다 다른 냄새를 맡으며 생활할 수 있는 곳을 찾아 지금의 거처로 왔다. 하지만 마냥 자연 속에서 살 수 있는 재주가 없어 낮에는 도시에서 일하고 저녁에는 산마을로 돌아온다. 말하자면 이쪽도 저쪽도 아닌 경계 위의 생활자다. 어쩌면 만물이 독립적으로는 경계이며 내 삶의 행태도 엄밀히 그 선상에 있다고 할 수 있다. 주거 공간을 옮기니 경계의 의미는 더욱 명징하게 다가온다.

먼 거리의 출퇴근은 시간과 경제적 긴장감을 안고 살아야 하는 부담이 있다. 그럼에도 산마을 살이 쪽으로 마음이 기울어져 원시와 문명의 균형이 잡히는 듯한 착각을 하면서 불편한 가운데 얼마간의 만족감을 즐겼다. 적어도 5년 전까지는. 세상에 변하지 않는 것이 없다는 말을 인정하지만 미세하게 일어나고 있는 기후 변화와 그 영향으로 내 주변이 달라지는 것에는 크게 관심을 두지 않았다. 기후 변화에 관해서 '삶은 개구리 증후군'에 빠져 있었다고 할 수 있다.

기후 변화가 주는 충격적인 경험을 한 날이 있었다. 2019년 3월 24일 새벽에 쏟아진 가공할 양의 습설은 더이상 변화에 무심할 수 없게 했다. 출근길에 쌓이는 눈 때문에 자동차가 망가져 더 사용하지 못하고 얼마 후 폐차까지 하는 상황이 벌어졌다. 이후로 흐려지는 계절의 경계가 눈에 들어오기 시작했다. 겨울에 눈이 사라지고, 농작물의 씨앗이 싹 트고 꽃 피는 시기가 불규칙하고, 사과는 열매 사이로 꽃이 피었다. 감은 추수 시기 전에 동백꽃처럼 떨어져 농장을 붉게 물들였다. 바나나와 망고의 재배가 시작되었다는 말은 진즉에 들었지만, 해발 600미터의 거처 주변으로 변화가 밀어닥친 것은 충격이었다.

농수산물 가격까지 물가 인상에 합세하자 자연스럽게 기후 변화와 관련된 이슈는 언론의 주요 관심사가 되었다. 그중 지난해 사과값의 급등은 주변 과일값으로 이어져 전체 물가의 상승 요인이 되었다. 급기야 애플레이션이라는 신조어가 등장했다. 가족들이 먹을 정도의 사과 농사를 짓던 우리도 사과 추수를 하지 못했다. 올해 역시 한 알도 거둘 수 없게 되어 이웃 과수원에서 사 먹으려던 참이다.

하지만 그 농장도 냉해를 입어서 열매가 예년보다 적게 달린 데다 고르지 못한 날씨 때문에 병충해를 예방하느라 조석으로 농약을 살포하고 있다. 거의 필사적이 아닌가 싶을 정도로 과수원에 매달린다. 지금까지 보지 못하던 풍경이라 사과를 사 먹어도 되나 하는 생각이 든다. 농사를 짓지 않는 사람들 역시 지금의 상황을 목격하면 나와 같은 고민을 하게 될 것이다.

본래 이웃 과수원은 친환경 농법으로 농사를 지었다. 지금의 상황을 보면 기후의 거친 변화 앞에서 살아남는 일이 얼마나 절박한 것인지 알 듯하다. 주변에서는 우려하면서도 속내와 다르게 침묵한다. 며칠 사이에 뿌린 농약은 생존이라는 명제로 덮어버리는 것만 같다. 그로 인해 청정 지역의 경계는 조금씩 지워지고 있다.

경계가 무너지는 일은 예삿일이 아니다. 개인의 삶에 낯선 일이 벌어진다는 의미다. 혼란이 오고, 우리의 의지와는 상관없이 독립성이 훼손될 수도 있다. 익숙하지 않은 기운이 밀려들어와 살이 양식을 재정비해야 한다. 쉬는 날 이른 아침에 산책하려는데 농약 살포하는 기계음이 요란하다. 돌아서 집안으로 들어왔다. 조용한 오후 해거름에 텃밭의 풀을 뽑으려는데 또 기계음이 요란하다. 불안한 심리가 종일 이어지면서 별스러운 상상을 다 한 날이었다.

내가 이곳으로 들어왔을 때 도시와 시골의 경계를 명확히

느낄 수 있었던 것은 환경에 기인한 살이 방식이었다. 가장 큰 매력을 느낀 것은 여름에 냉방기를 사용하지 않아도 불편하지 않다는 것과 맑은 날은 전깃불이 아닌 밤하늘의 별을 마음껏 볼 수 있다는 것이다. 사는 곳이 바뀌니 많은 것이 새롭다. 매우 자연 친화적인 산골 살이는 일터와 거처의 극명한 차이 위에서 양쪽을 경험하고 나의 세계를 구축할 수 있을 것 같았다. 하지만 어떤 명분도 생존을 넘어서진 못한다는 것을 보았다.

농약을 뒤집어쓴 과일이라 할지라도 사라질 위기에 처한 종류가 늘어간다. 우리가 지금 즐겨 먹는 과일과 야채는 어쩌면 훗날 누군가의 오래된 가계부에서, 거래 명세서에서나 발견될지도 모른다. 일기나 가계부 귀퉁이에 그림이라도 그려 넣어야 할까 보다. 미래 사회는 생존에 필요한 모든 것들이 지금과는 다른 모습으로, 다른 향기로, 다른 색깔로, 새로운 경계를 이루며 그들 나름의 일상을 이룰 것이다.

지금은 경계가 사라지는 혼란의 시간이라 가시거리가 짧은 안갯속처럼 느껴진다. 어쩌면 인류가 황홀한 축제 같은 시간에 취해 간과한 것들을 차분히 되짚어 보는 지혜를 발휘해야 할 때가 아닌가 싶다. 시간이 재생의 능력을 가졌다는 것은 인류에게는 큰 축복이다. 인간의 야만적 이기심을 조금 내려놓는다면 우리는 다시 선명한 계절을 맞이할 수 있을지도 모르겠다.

(2024. 8. 24.)

시누님표 문장부호

팔순의 시누님과 '카톡'을 시작한 지 반년쯤 된다. 남편의 칠순잔치 초대장을 휴대전화로 가족들에게 발송했다. 금방 "카톡." 하고 성급한 답이 왔다. 남편의 남매 중 최고령인 둘째 시누님이 참석하시겠다는 답장이다. 초대에 응해주셔서 감사드린다는 말과 기쁜 마음으로 기다리겠다는 답신을 드렸다.

그 후로 좋은 정보와 시누님의 일상 중 일부를 종종 톡으로 보내신다. 열의가 대단하시다. 새로운 것을 익히는 일은 젊은 사람도 귀찮아하는데 적지 않은 연세에 휴대전화의 다양한 기능을 익혀 활용하시다니 놀랍기만 하다.

톡을 주고받은 지 열흘쯤 지나서인 듯하다. 보내온 문자에 전에는 보이지 않던 검은 점이 보이기 시작했다. 자세히 들여다보니 문장부호다. 서너 음절이 지날 때마다 마침표가 있었다.

아뿔싸! 그 문장부호의 행간에 시누님의 고민이 보인다. '야는 글자 사이에 점을 찍어놓았네. 글쓰는 사람이니까 점을 찍는 게 맞는 것 같은데, 어디다 찍어야 하노? 이 정도 하면 되겠제.' 하시면서 점을 찍으신 것 같다. 서너 음절마다 '시누님표' 문장부호가 자리 잡고 있다.

이런 사단이 벌어진 것은 순전히 나의 글쓰기 습관 때문이다. 처음 습작을 할 때 문장부호를 무시하고 글을 썼던 버릇 때문에 문장부호를 놓치는 경우가 종종 있었다. 그래서 아예 무슨 글이든지 문장부호를 사용하면서 그 행위가 글쓰기 속에 버릇으로 굳어 버렸다. 나의 이런 습관이 시누님의 '톡놀이'에 영향을 미친 것 같다.

처음으로 문자가 왔을 때는 문장부호는 없지만, 띄어쓰기와 오탈자가 없는 읽기 편한 SNS에서의 전형적인 문장이었다. 그러나 몇 차례 문자가 오가면서부터 시누님의 문자에 변화가 시작되었다. 문제의 문장부호가 등장한 것이다. 누구나 쉽게 이해할 수 있던 문장에 '파리똥' 같은 마침표가 서너 음절마다 자리 잡으면서부터 나는 시누님의 문자를 두 가지로 이해해야 하는 상황이 되었다. 그것은 바로 내가 자초한 일이기도 하다.

문장을 바르게 재조합하는 일과 본래 전하고자 하는 정보를 제대로 이해하는 일이었다. 처음엔 시누님의 특별한 문자는 나에게 특혜인 듯 즐겁게 읽고 답을 드렸다. 매번 문장부호를 어느 구간에 배치할지 고민한 흔적이 보여 문장의 옳고 그름보다 '생각하는 순간'에 의미를 두며 문자 친구를 계속 이어 가고 있다.

나는 오늘도 평소와 다름없이 시누님과 톡을 주고받는다. 아침에도 건강정보를 보내셨다. 당연히 나는 감사의 인사를 띄웠다. 다시 시누님 방식의 문장으로 톡이 왔다.

"그래. 건강에. 좋다니 한번보내. 봤다"

보내기를 누르고 난 뒤의 시누님의 표정을 상상해본다. "야가 말이 없는 걸 보니 내가 제대로 점을 찍고 있나 보네."라고 하실 것만 같다. 미소가 절로 번진다. 시누님의 문장부호가 어디에 찍혀도 내 눈에는 완벽한 문장이다. 시누이와 올케 사이를 부드럽게 엮어주는 더없이 곰살맞은 점으로 보여서다.

나와 띠동갑인 시누님은 시집왔을 때 살림살이의 멘토였다. 나이가 꽉 차서 결혼했지만, 매사에 서툴기 짝이 없었기 때문이다. 재치 있는 시누님은 현장 탐방을 해가며 좋은 물건 고르는 법과 가격 흥정하는 것까지 확실하게 가르쳐주셨다. 그러니까 간이 크게도 신혼 초부터 '시' 자의 상징과 같은 시누이에게 나의 약점 덩어리를 통째로 안겨드린 셈이다. 그렇지만 내 눈에 시누님은 언제나 곱고 지혜로우며 사려 깊어 주변 사람들에게 의지가 되는 분으로 보인다.

어느덧 마흔 해가 지나고 고운 할머니가 되어 거동도 줄어들고 적적한 시절에 접어드셨다. 다행히도 호기심과 학구열이 여전하신 데다 시력까지 좋아 문명의 이기를 잘 활용하시는 듯하다. 그중에 스마트폰을 으뜸으로 들 수 있을 것이다. 새로운 것에 대한 호기심이 젊은 사람 못지않은 듯하다. 게다가 나의 무심한 행위가 시누님의 왕성한 호기심에 날개를 달아드린 것 같기도 하다.

세상 일에는 긍정의 이면에 그와는 다른 동네가 있다는 것을 잠시 잊었다. 혹여 시누님께서 다른 사람과의 문자에도 문장부호를 그렇게 사용하고 계신다면 그냥 있을 일이 아니었다. 며칠 전까지만 해도 즐겁던 시누님의 문자가 걱정되기 시작한다. 사실 우리가 살아가는 데 그 점 하나가 그리 대수롭지 않은 것도 사실이다. 그러나 그 점 하나를 무시할 수 없는 것도 사실이다. 이 선문답 같은 현상이 어우러져 날마다 법석을 떠는 무대가 세상이고, 그 세상은 보이지 않는 인간의 다양한 내면에서 생산된다.

아직 안방 노인이기를 거부하는 호기심 왕성한 시누님이다. 어쭙잖은 글쟁이 올케의 대책 없는 습관이 스마트폰의 다양한 기능이 주는 재미에 푹 빠진 시누님께 누가 될 것만 같아 마음이 조급해진다. 퇴근 후에 시누님을 찾아갈까. 가서 자연스럽게 이해를 돕는 법도 생각해 본다. 아니다. 더 바람직한 방법이 있을 거야. 잔머리 쓰는 내 꼴을 보더니 남편이 웃는다. 순간 좋은 생각이 떠올랐다.

"맞다, 큰질녀. 그래, 시누님의 큰딸이 아이들을 가르치고 있으니 잘할 수 있을 거야."

점 하나의 의미를 갈파한 대중가요를 귓등으로 들은 적이 있다. 많은 사람이 공감하는 그 의미심장한 점이 인간사를 꿰뚫는 힘을 가졌다는 것을 가볍게 여겨서는 안 될 일인 듯하다. 겉보기엔 무의미한 듯한 시누님표 점 역시 어느 곳에 자리를 잡아도 나에게는 최고의 힘을 가진 완벽한 문장이다.

(2019. 10. 5.)

긴 장마, 조촐한 가을

한국의 가을색은 화려하지만 선명하고 격조가 높아 사람들이 기다리는 계절이다. 모두 자연의 균형 덕분이다. 하지만 올해는 칠월부터 시월까지 긴 장마를 보낸 후 가을의 색은 탁한 갈색에다 식물의 모양도 온전한 것이 별로 없다. 얼마나 곤궁한 시간을 겪었는지 알 만하다.

가을이 깊기도 전에 나무는 겨울준비를 하느라 서둘러 단풍 같지 않은 단풍을 떨궈 산책로와 정원을 뒤덮었다. 올가을에는 쓸쓸함이나 고독 혹은 지나간 가을의 낭만을 소환할 겨를조차 없이 서글픔을 먼저 느꼈다. 자연이 힘들면 사람의 살이도 팍팍하다. 여기저기서 수확이 부실하다는 소리와 함께 제철의 푸성귀마저 값이 천정부지로 치솟고 있다고 하니 자연스럽게 기가 꺾인다.

산마을 살이의 백미는 사람의 감정도 자연을 따라 함께 흐르는 일이다. 유감스럽게도 올해는 우울함과 걱정이 많아 기가 막힌다는 백미의 그 맛이 아예 쓰다. 식물의 빈곤은 바로 생태계 변화의 확실한 지표다. 탄소동화작용이라는 자연의 식량 공장이 생산에 차질을 빚자 그들은 꽃을 피우기도 전에 녹아버렸다. 배고픔을 견뎌내지를 못한 것이다. 흑갈색의 너저분한 주검들은 꽃과 열매를 막았고, 곤충과 새들의 일상을 힘들게 했다. 더구나 생태계의 건강성을 말하는 새의 종이 줄어든 듯 유리딱새는 벌써 몇 년째 보이지 않는다.

거처 주변의 텃밭에 해마다 김장할 배추와 무를 심는데 올해는 잦은 비 때문에 여러 번 심었다. 그러자니 자연스럽게 생육 기간이 짧아져 평소의 절반 정도만 자라고서 추수 시기를 맞아야 했다. 배추와 무 곁에 서면 그들이 꼭 내 모습을 닮은 것 같아 민망한 웃음을 참지 못한다. 어찌 살다 보니 무와 배추까지 나를 닮는 수난도 겪는다. 바르게 말을 하면 수난을 겪는 것은 배추와 무 쪽이겠지만 그래도 나는 내 쪽이 겪는 것이라 우기고 싶다. 한 자락 생각의 방향에 따라 마음의 기상에 변화를 느끼는 세월을 살았다는 방증인지 모르겠다. 올해의 날씨 사정을 다 알면서도 겨우 주발 만큼 자란 배추 포기를 보자 불만스러운 것은 어쩔 수 없다. 저것으로 김장이나 될까 하는 마음에 가만히 앉아서 그 속을 들여다본다. 크지는 않지만 참으로 참하다. 어느 잎 하나도 군살이 없고 혈관이 보일 듯 정갈하다. 그뿐인가. 잎 사이마다 자작나뭇잎, 상수리나뭇잎 사스래나뭇잎, 마가목잎, 오리나뭇잎, 심지어 만신창이가 된 오동잎이 제 집인 것처럼 자리하고 있다. 배추 포기의 가운데에는 어느 밤에 쏟아진 은하수까지 소복하다.

긴 장마로 빈손이 된 농부의 입장만 생각하느라 그들의 곤궁했던 처지나 환경에는 눈을 돌리지 못했다. 그러고 보니 텃밭 주변은 산기슭이며 한쪽은 골짜기라 온통 웃자란 교목으로 둘러싸여 있다. 흐린 날의 연속으로 이따금 받는 햇볕을 이웃과 나누자면 목숨 부지도 벅찬 일일 텐데 배추가 주발 만큼 자란 것도 예삿일이 아니다.

올해같이 일조량이 부족한 시기에도 상수리는 도토리를 달고, 마가목은 붉은 열매를 달아 다람쥐와 새들의 겨울나기에 보탬을 주고 있다. 또한 골짜기를 수북이 채우고 있는 낙엽은 수많은 생명체의 동면을 돕고, 나머지는 뿌리로 돌아가 다가올 따뜻한 시절을 준비할 것이다.

더 기다릴 것 없이 나도 이른 김장을 했다. 부실한 나를 닮은 것 같아 주발만 하다고 타박은 했지만 두 쪽이 난 배추의 속살은 눈이 부시게 아름답다. 절제된 생명체의 일생은 신비롭다. 내 손바닥만 한 반쪽을 흐르는 물에 씻자니 한줄기 바람소리가 흔들린다. 배춧잎 사이에서 고라니의 애절한 구애의 소리가 쏟아진다. 놀란 장끼의 소리도 푸드덕거린다. 상수리 잎에 후드득 두서없이 떨어지는 소나기의 바쁜 발걸음 소리도 들린다. 자연의 간소한 살이가 만들어내는 생명의 절창이 경이롭다.

초록 포기 속에 샛노란 잎이 맑은 기운을 오롯이 안고 있다. 화장하듯이 속살에 켜켜이 양념을 바른다. 살빛이 하얀 무채와 주황의 당근 채, 청록의 청각, 맵싸한 쪽파, 달큰한 굴과 담백한 조기를 선홍색 양념에 잘 버무려 배추의 속에 안겼다. 그마저도 순하고 곱게 품는다. 한 조각을 남편의 입에 넣어주었다. 말없이 고개를 연신 끄덕인다.

김장을 많은 사람에게 선물하려 한다. 나에게 지청구를 들으며 주발만큼 자라 김치가 된 가을배추의 이웃들을 알리고 싶어서다. 환경의 변화로 궁핍한 가운데 훌륭히 공생을 이루어낸 그들이 서로를 받쳐주고 품는 지혜를 고스란히 담은 김치이기 때문이기도 하다. 어쩌면 김치의 속에 자작나무의 잎사귀 한 장이나 씨앗 한 톨이 로또처럼 들어 있을지도 모른다.

선인들은 동서고금을 통해 이웃의 소중함을 강조하는 말을 해왔고, 우리는 현실 속에서 경험하고 있다. 하지만 내가 좋은 이웃이 되는 일은 말이나 생각처럼 쉽지 않다. 나누고 품는 일이 그만큼 어려운 일이기 때문일 것이다. 어렵다는 말이 일상이 된 요즘이지만 오히려 일상의 요소요소에 욕심으로 막힌 것이 더 어려운 문제가 될 정도다.

자연은 스스로 나누고 품는 일을 통해 긴 시간 생명의 본질을 지켜왔다. 인간 역시 자연의 한 축이지만 임계점이 없는 욕심을 가지고 태어났기에 나누고 품는 일 사이에서 늘 열병을 앓는지도 모른다. 이 둘 사이의 균형을 잡지 못해 좋은 이웃이 되는 일도 어렵지만 좋은 이웃을 얻는 일에도 자격이 부족한 이유가 된다.

볼품없는 몸피지만 넓은 가슴으로 이웃을 가득 품은 가을배추를 보며 자연의 고졸한 품격을 본다.

(2021. 12. 23.)

꽃이라도 심겠습니다

더디게 올라오던 봄이 우수를 지나자 개난초 잎을 쑥 밀어 올리며 초록 미소를 짓습니다. 무채색의 겨울 한철을 보내느라 우울하던 차에 반갑기 그지없습니다. 십여 년을 한곳에 모여 살더니 식구가 많이도 늘었습니다.

화초는 대개 꽃을 보기 위해 심는 경우가 많지요. 하지만 개난초는 꽃도 좋지만 빈 뜰에 대지의 녹색 기운을 듬뿍 머금고 힘차게 올라와 이른봄을 치는 모습이 매력적입니다. 마침 이사하기 좋은 날씨라 미룰 것 없이 새 터를 정하고 옮겨심기를 합니다.

어느새 보라색 아이리스도 묵은 잎 사이로 녹색 기운이 번집니다. 아닙니다. 잠시 착각한 듯합니다. 클로드 모네의 〈지베르니의 아이리스 가든〉를 떠올렸던 모양입니다. 이 그림은 보라색 아이리스를 풍성하게 심어 놓은 화가의 집 앞 화단 풍경이랍니다. 화가는 정원 가꾸기를 좋아해 작품 속에 등장하는 배경은 거의 자신이 가꾼 꽃이 가득한 정원이라고 합니다.

그는 평생 땅을 사들여 정원을 만들고, 식물을 심고, 가꾸며 꽃을 그렸답니다. 모네의 꽃그림은 하나같이 생명의 기운이 가득합니다. 꽃과의 소통을 통해 예술의 세계를 확장하고, 정서적으로도 큰 위로를 받았던 것 같습니다. 모네의 붓끝에 흐르던 꽃의 서사는 수많은 여행객이 방문하는 그의 정원에 사랑과 기쁨으로 아직도 이어지고 있답니다.

미술이나 음악과 마찬가지로 원예치료도 인기가 있다고 합니다. 그가 가드닝을 즐긴 것도 이와 같은 맥락으로 이해가 됩니다. 고대 이집트에서도 환자를 치료하기 위해 정원에서 산책을 하게 했다고 하니 아득한 선인들도 원예치료의 효능을 알았던 모양입니다. 나 역시 생각이 복잡하게 꼬여 안정을 찾고 싶을 때는 자연스럽게 숲길을 따라 걷거나 정원에서 시간을 보냅니다.

굳이 원예의 효능을 생각한 것은 아니지만 녹색과 어우러진 꽃을 좋아합니다. 그래서인지 입춘이 지나고 땅기운이 부드러워지면 나도 모르게 꽃들의 살이에 참견을 하게 됩니다. 올봄에는 대놓고 끼어들고 싶어집니다. 우선 여기저기에 꽃을 심고 싶습니다. 의외의 장소에 작은 화분 한두 개를 두는 것도 좋을 듯합니다. 한적한 길모퉁이에 칸나 한 포기도 괜찮을 것 같습니다. 올봄은 꼭 그렇게라도 해서 누군가를 위로하고 싶습니다. 그 까닭은 근년에 들어와 경기 침체로 어려워하던 중 나라에 황당한 손님이 찾아왔기 때문입니다.

이름은 물론 일면식도 없는 중국 후베이에서 왔다는 그 손님은 무뢰하기 짝이 없습니다. 사람들을 곤경에 빠뜨리고, 마스크족을 웬만큼 만들고 나서야 신종 바이러스 '코로나19'라는 이름표를 달더군요. 담력이 약한 사람은 기겁을 할 일을 날마다 벌이고 있는 당사자의 이름이랍니다.

병증은 '고열이 나고, 기침을 하며, 호흡이 곤란하고, 폐렴과 유사한 양상을 보이다가 심한 경우 폐포가 손상되어 호흡부전으로 사망에 이르기도 한다.'고 합니다. 질병관리본부의 집계에 의하면 2020년 3월 6일 0시 현재 확진자 수 6,284명과 사망자 수가 42명이라고 합니다. 전국으로 확산되고 있을 뿐만 아니라 피해는 대구와 경북에 집중되어 있다고 합니다.

어느 분은 페스트가 창궐하던 14세기 알제리 오랑의 어느 골목에 흐르는 고통과 절망의 신음이 들리는 기분이라고 했습니다. 사람의 생각은 왜 이럴까요? 김연아 선수와 손흥민 선수가 빙판과 그라운드를 누비며 세계를 제패할 때는 못할 일이 없을 것 같더니 요즘은 누가 나무라지 않아도 모두 내 탓인 양 자꾸만 기가 꺾입니다. 내가 망나니 같은 그 손님을 초대한 것도 아닌데 말입니다.

그래서 내 일도 감당할 수 없으면서 무엇인가 해야 한다는 생각을 자꾸 하게 되나 봅니다. 봉쇄해야 한다는 말까지 나올 정도인 대구에 친구가 살고 있습니다. 전화를 걸어봅니다. 서울 S병원에 근무하는 아들 내외가 걱정이 되어도 갈 수가 없다고 합니다. 어느 때는 나라가 일일생활권이라서 좋아했는데 그 손님도 일일생활권을 용케 알고 이미 나라 구석구석 가지 않은 곳이 없습니다. 그래서 대구에 있는 친구의 발이 더욱 단단히 묶인 듯합니다.

그럼함에도 불구하고 우리는 지금의 상황을 극복할 것이라 믿습니다. 우리 국민은 어려움이 있을 때 모두 하나가 되는 묘한 힘을 가지고 있으니까요. 자신의 위치에서 나름의 궁량으로 힘을 보태니까요. 건강하게 자신의 위치를 지키는 일도 중요한 일 중의 하나라고 생각합니다. 당장 아프지 않은 것만도 '크게 돕는 일'입니다. 다치기라도 한다면 평소 몇 곱절의 걱정과 어려움, 그리고 자신과 주변을 위험에 빠뜨릴 것입니다. 자신의 일을 잘 감당하는 사람이 애국자라고 하던 친구의 말도 생각납니다. 평범하던 그 말이 오늘은 명언으로 다가옵니다.

제가 사는 집은 멀리서도 잘 보이는 곳에 자리 잡고 있습니다. 집 주변에 서 있는 교목에 마음을 기울여 거름을 듬뿍 줄 것입니다. 식물처럼 정직한 것도 없더군요. 분명 봄에는 환하고 탐스러운 꽃을 피우고, 여름이 오면 무성한 녹음을 이루어 행인들을 위로하고 힘이 솟게 할 것입니다. 칸나 화분 하나를 봄부터 정성껏 마련하겠습니다. 내가 일하는 상가의 입구에서 손님을 맞게 할 겁니다. 가을엔 국화 분도 몇 개 가져다 놓을 겁니다. 정말이지 작은 일입니다.

이름마저 생소한 '코로나19'란 손님이 떠나고 나면 우리는 한동안 그 트라우마에 시달릴 것입니다. 화초가 싹을 틔우고 꽃을 피우기까지 기다림이 필요합니다. 그사이 우리는 꽃의 말에 귀를 기울이고 나의 말을 건네면서 기꺼이 기다릴 겁니다. 큰 회오리가 남긴 상처 위에 피는 미래라는 꽃은 적어도 오늘보다는 건강할 테니까요. 아주 보잘것없는 일이지만 올봄에는 정성껏 꽃이라도 심겠습니다.

(2020. 3. 12.)

제6부

기다림의 미학 정원 3

땅거미가 내릴 즘 비 묻은 바람이 부산스럽게 거처의 정원에 들이닥쳤다. 요즈음 한창인 붓꽃과 녹색 초목이 뒤엉켜 법석을 떨더니 그들은 바람이 났다. 요염하고 간드러진 자태와 야성적이고 거친 바람이 주거니 받거니 하는 모습을 혼자 보기엔 아까웠다. 오랜만에 생명의 근원인 물이 온다는 기별이니 그럴 만도 하다. 기다리던 물의 전령사를 맞이하는 정원 식구들의 몸짓과 표정을 영상에 담아 아들과 몇몇 지인에게 보냈다.

꽃을 좋아하는 그녀에게서 전화가 왔다. 바람난 녀석들을 꺾어 거실에 꽂으란다. 오며 가며 절정의 순간을 떠올리며 감상하는 맛이 일품일 거라고 했다. "보고 싶으면 밤중에도 나가서 보면 되는데 꺾기는 왜 꺾어."라고 말하는 나와 안으로 들이기를 좋아하는 그녀와의 통화가 길어졌다. 꽃을 두는 장소며 꽂는 법에 탁월한 감각과 식견이 있는 사람답게 미적 관점 또한 남다르다는 느낌을 받았다.

평소에도 그녀의 재능을 알 수 있었다. 봄이 무르익을 때면 그녀는 욕실 구석진 곳이라 해도 해변의 절벽에 핀 해당화 한 그루를 통째로 옮긴 듯 자연스럽게 꽃장식을 한다. 섬세한 그 손끝을 거친 꽃은 마주하는 이에게 잔잔한 감동을 안겨 주곤 했다. 그러니 바람에 일렁이는 녹색 물결 속 꽃들의 유희가 한창인 영상을 보자 특유의 미적 감각이 살아나 견딜 수 없었던가 보다.

나는 산마을에 살고 있다. 문만 열면 꽃과 나무가 지천이라 사철 꽃 속에 산다. 심지어 겨울에도 눈꽃이 만발하는 환경이다. 그녀는 내가 자연환경에서만은 교촌 최부자 부럽지 않은 사람이란 걸 잠시 잊고서 꽃 '모가지 따는' 일을 부지런히 권했다. 자고로 희소가치가 높은 것일수록 가까이 두고 싶은 게 인지상정이니 그럴 수 있겠다. 계절의 경계가 없이 꽃시장을 가득 채우는 꽃과 스스로 발아하여 비바람의 힘으로 세계를 열어젖힌 꽃은 농도가 다른 그리움의 원천을 가지고 있다. 자연의 본령을 잘 아는 그녀가 안으로 꽃을 들이라고 한 이유일 듯하다.

꽃꽂이나 정원을 가꾸는 행위는 차경借景 행위다. 자연과 물리적 거리가 멀수록 인간은 자연을 끌어들이려 여러 가지 노력을 한다. 그중 도시 생활자는 좁고 밀폐된 공간으로 자연을 들여 교감할 수 있는 꽃꽂이를 하기도 한다. 어떤 사람은 창가에 제라늄 화분 하나를 두어 기다림 끝에 달리는 꽃 맛을 즐기기도 한다.

나는 정원 가꾸기를 좋아하지만 소박한 꽃꽂이 관도 있다. 밋밋하던 거실에 개망초 한 다발을 빈 병에 꽂는 일 같은 것이다. 화병 앞에 서면 나비가 날고 벌이 윙윙거리며 향기가 퍼지고, 늦은 봄날 나른한 뻐꾸기 소리가 상상된다면 기꺼운 일이다. 개망초가 긴 시간 기다린 끝에 피는 덕분에 누리는 소박한 호사다. 굳이 전문지식을 동원하지 않아도 순박한 화병 하나가 포인트가 되는 공간에 여백의 미까지 느낄 수 있다면 이 또한 기다림의 선물이다.

정원 가꾸기 역시 차경 행위지만 꽃꽂이보다는 좀 더 적극성을 띤다. 접근이 어려운 자연을 축소하여 실내가 아닌 뜰로 옮겨 가꾸는 행위다. 정원은 실제로 살아 있는 나무와 화초가 땅에 뿌리를 내리고 생명의 순환이 생활 속에서 일어난다는 점이 다르다. 일회성이 아니라 영속성을 가지며 정원사와 흙, 물과 태양을 공유한다. 그런 의미에서 둘은 동질감을 느끼는 벗이기도 하다. 때로 정원은 스승이나 절대자에 가까운 가르침과 위안, 치유를 준다. 그와 동시에 나의 개성을 잘 드러내는 공간이기도 하다.

자연은 사람을 밖으로 불러내어 수많은 만남을 선물한다. 삼월은 새싹과 새순의 경이로운 생명현상을 통해 전율하게 한다. 비로소 따사로운 사랑이 시작된다. 오월은 나뭇잎이 바람에 흔들릴 때 걸림 없는 자유와 세상이 햇빛을 만나면 얼마나 찬란한지 표현할 수 없는 미적 감동을 준다. 빗소리 가득한 칠월의 뜰은 또 얼마나 건강하고 낭만적인지 말을 줄일 수밖에 없다. 이 모두를 담는 그릇이 기다림으로 빚은 정원이다.

자연 속에 사람이 서면 길이 생기고 서사가 시작된다. 꽃을 꺾지 않고 시들기를 기다리는 인내심 속에 열매와 씨앗이 영그는 숭고한 이치를 배운다. 모든 게 한 박자 느리지만 기다림으로 누릴 수 있으니 문밖에 나서고자 하는 본능을 존중하지 않을 수 없다. 이게 정원이 갖는 힘이다.

정원을 가꾸면 나무와 화초를 따라 벌과 나비, 새, 무수한 곤충이 등장한다. 보이지 않는 미생물까지 모두 딸려오는 듯하지만 이들의 관계는 숙명이다. 의존적 공생 관계인 것이 많다. 정원은 정물이 아니라 깨어 흐르는 생명이다. 윤회와 순환이 매 순간 일어나는 곳. 정원사는 어느 날 새들이 쉬어갈 물웅덩이까지 만들어 주며 같은 편이 되어 함께 흐르고 있음을 깨닫게 된다. 기다림에 익숙해진 여유 덕분이다. 오래된 정원만이 품을 수 있는 이야기다.

정원은 한 세대에서 완성될 수 없다. 스스로 주체와 대상이 되어 느리면서도 오랫동안 변화를 거듭해야 한다. 습기 머금은 돌담에 피어난 이끼를 보면 숙연해진다. 이것이야말로 시간이 빚어낸 창조물이 아닌가. 가끔 나의 극진한 노력이 미치지 못할 미래의 시간이 궁금하다. 누군가의 따뜻한 손길이 이어지는, 머물고 싶은 장소가 되었으면 하는 바람이 있다.

영국 처칠 수상 가문의 300년 역사를 지닌 블렌하임 펠리스 정원은 긴 세월의 상징성에 반해 불운과 냉소의 대상이었다고 한다. 쓸쓸하고 외로운 사치를 하는 주인의 사랑을 받지 못했다. 정원은 손의 온도로 빛나고, 시간의 힘으로 존재감을 키워 간다.

좋은 정원은 화려하게 꾸미는 것이 아니라 설렘을 주는 사랑에서 시작된다. 시든 꽃잎이 아름다운 것은 기다림과 사랑을 품고 있기 때문이다.

(2024. 6. 19.)

겹난리

긴 장마에 볕이 그립던 차에 아침과는 다르게 낮이 되자 땡볕이다. 사람들은 그늘로 찾아들고, 한껏 물기를 머금은 대기의 무게는 천근만근이다. 어쩌다 거리에 보이는 사람들의 걸음걸이는 납덩이를 단 듯 무겁다. 온 얼굴에는 여러 군데 샘이라도 솟는 듯 줄줄 흐르는 땀을 연신 짜증스럽게 닦는다.

그것도 잠시, 갑자기 물 폭탄이 쏟아진다. 빗방울과 함께 이리저리 뛰는 사람들의 모습을 보고 있는데 물바다가 된 부산과 영덕, 그리고 대전의 모습이 뇌리를 스친다. 폭우 때문에 지형이 공평해지는 마술 같은 공포의 물난리가 전파를 타자 삽시간에 식당과 사무실, 안방과 거실도 홍수에 휩쓸리는 듯 온 국민이 함께 긴장한다. 올 장마철은 상실의 계절이 되어 많은 사람이 슬프고 안타까운 일을 당했다. 매해 되풀이되는 인재와 천재의 경계가 모호한 재해를 보며 피해를 좀 줄일 수도 있을 텐데 하며 아쉬워하다 묘한 반전의 장면을 보았다. 모 당의 국회의원들이 무슨 모임을 하다 화기애애한 분위기에 고무되어 하필이면 물난리 뉴스가 나오는 TV 화면을 배경으로 촬영한 사진을 SNS에 올린 것이 난리 속의 난리가 되었다.

아무려면 어떠하랴. 그들의 기분을 우리 국민은 눈 딱 감고 또 한번 이해하면 될 것을. 부지런한 기자들이 그새 국민에게 고자질해서 물난리는 난리도 아니다. 그중에 쇠뜨기보다 까칠한 어느 초선 의원이 언론의 악의적인 편집이라며 자신들을 두둔했다. 하기야 요즘은 갑과 을의 경계가 모호해졌으니까. 아무것도 모르는 내가 봐도 의원님들이 생떼를 부릴 만하다 싶다. 그들이 국회의원이 되기 전에도 종종 언론을 달굴 만한 이슈를 제공하지 않았던가. 그렇다 하더라도 기자들의 간이 'GMO간'도 아닌데다 이제 국민을 대신하는 국회의원님까지 되셨으니 감히 그런 무모한 거짓 기사를 생산할 수 있을까. 거짓 기사를 두고 세간에서는 쓰레기라고 하는 것을 기자들도 알고 있다. 더구나 그들의 자존심도 만만치는 않다.

사계절의 준비는 어느 정도 가능하지만 장마철의 날씨를 예측하는 일은 연애할 때 여자의 감정을 이해하는 일보다 어렵다. 며칠간 질척거리던 날씨가 해맑게 웃기에 나는 걸어서 500미터쯤 떨어진 큰 계곡으로 물 구경하러 갔다. 세상이 온통 반짝거린다. 폭우에 씻긴 돌과 푸른 하늘이며 잎사귀, 새소리마저 맑아 물 냄새가 날 것처럼 정갈하다. 이런 날은 풀숲에서 고라니도 참지 못하고 대낮에도 소리를 지른다. 세간의 난리통에 찌들어 있던 나는 청량한 기운에 취해 바위에 걸터앉고 말았다. 멀리서 오는 물난리 이야기나 듣고 싶어서다. 물길 따라 내려온 식물의 줄기와 나뭇가지, 상처투성이의 나뭇잎, 심지어 쓰레기까지 저마다 사연을 담고 여기저기 걸려 있다. 혼자지만 혼자가 아니다. 홍수에 밀려온 낯선 인연과 판을 벌이려니 가슴이 설렌다.

하느님도 타이밍에 대한 개념을 우리와 같이 이해하고 계시는 걸까. 곳곳에서는 물난리가 났는데 물 구경을 나온 철없이 늙어가는 사람을 보자 장난기를 참지 못한 것일까. 순시간에 앞이 보이지 않을 정도로 비를 뿌린다. 정신은 계곡에 두고 거처를 향해 가파른 오르막길을 마구 뛰노라니 뜬금없이 경허 스님과 젊은 제자 만공 스님의 요상한 축지법이 생각나 웃어가며 뛰느라 숨이 턱밑까지 찼다. 타발 나갔넌 만공 스님이 무거운 바랑 때문에 불평을 하자 스승인 경허 스님은 마침 물을 길어 오던 처녀에게 입맞춤을 하자 난리가 난 것이다. 사제지간에 줄행랑을 치는 모습과 소나기가 오는 중이니 어차피 다 젖고 말 일인데도 뛰고 있는 내 꼴이 겹쳐져 배꼽을 잡게 한 것이다.

투덜거린다고 바랑이 가벼워지거나 갈 길이 가까워질 일도 아니요, 나 또한 소나기 속에 뛴다고 비를 비켜 갈 수 있는 일도 아니다. 바뀌지 않을 본질을 두고 마음이 뛰고 있는 이 모습이 난리가 아니겠는가. 내가 아무래도 물난리 통에 하느님에게 말린 것만 같았다.

난리 중에 잠시 정신을 놓아도 수많은 난리가 생겨난다. 사실 요즘 우리나라는 물난리를 넘어서 갖가지 난리 통이다. 마치 큰 상처가 낫기도 전에 상처가 또 난 것처럼. 그럼에도 나랏일을 보는 사람들이 물난리 중에 활짝 웃으며 포토타임을 연출하다 또 난리가 난 것이다. 장마 중에는 크고 작은 난리가 더욱 많다. 지나치게 많은 물을 긴 시간 안고 살다 보면 생명은 우울하고 때로는 형체도 없이 녹아내리기도 한다. 그것이 동물이든 식물이든 근원은 나와 무관하지 않다. 당장 위급한 내 일이 아니라고 해도 그 기운은 나에게도 오간다. 그러니 나와는 무관할 것 같은데 마음이 불편하고 작은 실수가 크게 느껴져 결국 수습이 상그럽다.

코로나19와 물이 많은 장마가 만들어낸 것 중 눈에 띄는 것은 휴가 풍속도도 있다. 내 거처보다 5미터쯤 더 높은 곳에 한 이웃이 산다. 뒷집은 평소와 다르게 낮에는 조용하더니 밤에 대낮같이 조명을 밝히고 정원에 스크린까지 띄워 노천 영화관을 만들었다. 건물주가 어느 가족에게 집을 통째로 빌려준 모양이다. 시골의 집을 빌려 가족이 자연과 함께 내 집처럼 휴가를 보내는 것이란다.

홍수로 물이 불어난 계곡보다 안전하고 코로나로부터도 자유로울 수 있는 넓은 자연의 공간이다. 출근할 걱정 없이 밤을 새워 영화 보고 가족들과 많은 대화를 나누며 쉴 수 있으니 누가 봐도 매력적인 휴가지다. 그러나 바짝 붙어 있는 우리 집은 난리다. 큰 난리 때문에 생겨난 작은 난리지만 우리 부부는 생활 리듬이 깨졌다. 거기에다 가끔씩 쓰레기도 날아온다. 쓰레기를 줍고 있으면 속이 부글거린다.

며칠만 있으면 입추다. 목을 빼고 서늘한 바람 한줄기가 오기를 기다릴 수밖에 없겠구나 싶다. 또다시 저녁이 오고 있다. 휴가 중인 저 가족들과 말 한마디 섞어보지 않았으면서도 잘 알던 이웃처럼 저녁에는 또 무슨 냄새를 풍기려나 궁금해진다. 며칠만 참으면 될 일이지만 오늘밤 난리를 견딜 일이 막막하다.

난리는 이미 이루어진 일 사이로 새로운 것이 들어올 때 일어나는 현상이다. 인간의 역사 중에 난리가 없었던 적이 있던가. 큰일 속에 양파처럼 켜켜이 들어앉은 작은 일은 쉼 없이 우리의 일상을 흔든다. 멀미가 날 것 같은 난리굿이다. 그 틈으로 들어올 변화에 긴장하고 있다.

(2020. 8. 4.)

소나무집

골짜기마다 수수가 붉게 익는 가을날, 산길을 따라가는 영월 여행의 맛은 향기롭고 달았다. 변덕스러운 이상기후에도 맺힌 데 없이 자연은 곱게 물들어가고, 비탈밭은 어느 암자에서 본 이불 모서리처럼 둥글고 푸근해 끝없이 말을 걸어 본다. 이처럼 강원도의 고졸한 기운은 범상치 않아 기대감으로 마음이 설레었다.

영월은 소나무가 참 좋은 고장이다. 키가 크고 청정한 나무가 뿜어내는 기운은 대체할 수 있는 게 없을 듯했다. 여행자가 현장에 섰을 때만이 경험할 수 있는 고유한 느낌이다. 그 기운은 마치 밝고 환한 이상 세계로 초대를 받은 듯한 착각에 빠지게 했다. 여기에다 이미 유명해진 장소에서도 볼 수 없는 의외성을 만났으니 오랫동안 잊지 못할 추억을 얻은 여행이 된 셈이다.

음식 역시 설렘을 주는 요소다. 모처럼 외지의 식당에서 강원도라는 지역 특성이 녹아 있는 아침 식사를 했다. 두부찌개와 도라지무침, 통감자조림, 메밀묵 등이 정갈하게 식탁에 올랐다. 식사 분위기는 여유와 즐거움이 어우러져 문화의 향기까지 더해지는 듯했다. 일행의 표정은 싱그럽고 몸짓에서는 활기가 넘쳐 팬데믹 이후 오랜만에 정서적 포만감을 맛보았다. 기꺼운 순간이었다.

식사가 끝나자 조금 전 펄펄한 분위기 속에 있던 사람들은 어느새 썰물처럼 빠져나갔다. 누군가 "사장님, 화장실이 어디인가요?"라고 묻자 분주한 손길을 멈춘 사장이 "예, 나가서 왼쪽에 있는 '소나무집'입니다."라고 했다. 왼쪽에 과연 소나무집이 있었다. 소나무로 만든 고재 대문에 '소나무집'이란 한시로 된 문패가 붙어 있었다. 대문 두 짝은 손님을 크게 반기는 듯 활짝 열려 있었고 문전성시를 이루었다. 들고나는 사람, 화장을 고치는 사람, 양치질하는 사람 등 소나무집 안의 풍경은 여느 화장실과 다르지 않았다. 하지만 눈에 띄게 다른 게 있었다. 고유명사로 된 자신의 문패를 번듯하게 달고 있는 모습이었다. 뒷간으로는 보기 드물게 멋스럽고 당당했다.

대개 '화장실'이라는 보통명사의 이름을 달고 존재의 의미는 무시된 채 기계적으로 기능하고 있는 것만 봐왔다. 조금 특이한 예로는 사찰의 경우엔 해우소, 예스러움을 담고 싶은 표현으로는 뒷간, 측간廁間 정도로 존재를 표시하고 있다. 여러 사물에는 그 특성이 담긴 다른 것과 구별되는 이름이 있는 것에 비하면 대조적이다.

'소나무집'은 그런 통념을 깨고 고유명사로 된 자신의 문패를 달고 있었으며, 그 자체만으로도 느낌표가 가득한 공간이었다. 이처럼 번듯한 '소나무 씨의 집'에 초대받은 기분으로 들어서자니 코끝에 화장실 특유의 냄새가 아니라 솔향이 확 밀려 들어오는 듯한 심리에 사로잡혔다. 변기에 앉아서도 누군가의 탁월한 작명 솜씨에 감탄했다. 소나무 고장의 상징성과 작명가의 철학을 곱씹어보니 그 의미가 예사롭지 않다.

많은 사람이 무심코 드나들지만 그곳은 생사의 의식이 이루어지는 신성한 장소다. 배설은 생을 위한 절대적 요식 행위다. 모든 생명체가 배설행위를 하지 않는다면, 아니 못한다면, 생존 자체에 어려움이 있다. 화장실은 그 역할의 중요성에 비해 얼마 전까지만 해도 존재감이 떨어졌던 것도 사실이다. 88올림픽을 계기로 화장실 문화의 혁신이라고 일컬어질 정도의 변화를 가져왔다고 할 수 있다. 하지만 그 이름은 다른 공간과 분류 수준인 그냥 '화장실'이었다.

본래 작명이란 상징성과 희망, 그리고 염원을 담아 사람이나 사물과의 구별을 위해 부여하는 기호다. 사람은 물론 나무에도 곤충에게도 심지어 돌에도 그 근본을 참고로 이름을 붙여주었다. 이름이란 부를 때 상대와 가장 깊은 교감이 시작되고, 그 이름에 담긴 의미도 되새기게 된다.

작은 나의 거처를 그저 집이 아니라 '만물정'이라 부른다. 이런 이름을 붙이게 된 까닭은 세상에 존재하는 만물이 쉬어 가거나 머물 수 있는 공간이기를 바라서이다. 바람과 달도 머물다 가기를 염원하는 마음을 담아 울과 담을 두르지 않았다. 그래서인지 '만물정'이라고 말할 때 '우리 집'이란 표현과 상당히 다른 의식이 작동함을 경험한다. 이름이 주는 이미지가 그런 게 아닌가 싶다.

'소나무집'이라는 문패를 봤을 때는 화장실과는 전혀 다른 사고 활동이 일어나는 것을 느꼈다. 배설이나 냄새보다는 소나무 숲과 솔향, 바람 소리, 늦가을 햇살에 반짝이는 솔가리가 연상되었다. 화장실의 이미지와는 전혀 다른 세계가 펼쳐진 것이다. 화장실의 이름이 이토록 자연 친화적이며 참신한 서사가 연상된 일은 처음이다. 식당 이름 못지않게 고객의 마무리 공간의 중요성에 사업주의 철학을 담은 듯해 더욱 감명을 받았다.

잠시 가을 여행을 떠났다가 인연이 된 보물 같은 의외성은 이미 탄생한 것들의 겉모습에 습관적으로 반응하는 보수적인 나의 사고방식에 균열을 주었다. 내가 본 화장실의 이름 중에 가장 향기롭고 맑은 이름이다. 어느 사찰에서 처음으로 '해우소'란 문구를 발견하고 냄새가 진동하는 공간에 앉아 풀어놓을 근심이 무엇인가를 생각한 적이 있다. 그때 가장 가까이 있는 근심은 진행 중인 배설이라는 생각에 이르자 웃음이 툭 터진 기억이 있다.

'소나무집'은 해우소보다 한층 가까운 이름이 아닌가 싶다. 배설이라는 마무리 속에 내재하는 끝과 시작, 생멸의 의식儀式이 현대인의 열린 의식意識과 만나 자연스럽게 하나의 새로운 문화로 이어지는 시작점 중의 하나인 듯싶다.

인간은 문화의 원천인 미적 매력에 매우 능동적으로 반응하는 생명체다. 영월 단종로 앞의 '소나무집'의 의외성에 매료된 나는 이름을 얻지 못한 전국의 화장실에 이름표를 달아준다면? 하는 흥미로운 상상을 한다. 어쩌면 반딧불이나 긴다리소똥구리라는 화장실 문패를 만나는 날이 올지도 모르겠다.

(2022. 10. 17.)

순천댁을 떠나보내고

물동이에서 떨어지는 빗소리는 늘 나의 영혼에 윤기를 준다. 고요한 밤이라면 오만 가지의 영감이 생명의 숨결로 피어오를 듯한 환상에 사로잡히기도 한다. 어린 시절부터 유난히 빗소리를 좋아해 추녀 끝에서 대롱거리다 떨어지는 빗방울을 빗소리가 사는 집으로 여긴 적도 있을 정도였다. 지금도 깊은 밤에 들리는 그 소리는 여전히 나의 영혼이 머무는 비밀정원을 여는 열쇠가 된다.

그러나 지난해 섣달 초하루 밤에 물동이를 타고 내리던 겨울비 소리는 어느 누구의 회한과 질긴 생의 통증에서 오는 슬픈 가락으로 다가왔다. 몇 해를 이웃으로 살던 부부가 이사 가기 전날 그들과 나누었던 대화 때문이다. 우리 부부는 말이 이웃이지 날마다 집을 비워두고 출근하는 탓에 밥 한끼 제대로 나눈 일이 없었다. 그럼에도 이웃이라고 찾아와 이사하게 된 연유를 이야기하니 안타깝고 미안한 마음이 컸다.

생계형 이사라고 했다. 부인은 순천 사람이고, 남편은 부산 사람이다. 결혼 후 오랫동안 식당을 운영해왔다고 한다. 몇 해 전부터는 중소기업이 많은 곳으로 옮겨와 중소업체 직원들 상대로 구내식당을 대체한 형태의 식당을 운영했단다. 하지만 경기 부진으로 기업체 직원의 수가 줄거나 문을 닫는 일이 늘어나면서 버틸 수가 없었다고 한다. 물론 가게를 인수하려는 사람도 없어 급기야 비품마저 재활용 센터에 넘기고 부인의 친정이 있는 곳으로 가게 되었단다.

살다 보면 이사도 하고, 아픔도 겪는다. 그렇지만 부인의 우려 섞인 한마디가 마음에 남아 떠나지를 않는다.

"자존심 강하고, 지방색에 민감한 환갑 진갑 다 지난 남자가 버텨낼는지 그게 걱정이 됩니다. 먹고사는 일이야 제가 음식을 만질 줄 아니까 해결되겠지만…."

공교롭게도 그들이 이사하던 날 밤에 비가 내렸다. 순천에도 비가 왔는지는 알 수 없지만, 그날 밤 남자의 가슴은 홍수에 젖고, 눈에는 마른 도랑에 게으른 비가 내리듯 밤을 새워 눈물이 비쳤을지도 모르겠다.

인간 삶의 행태 중 '이사'가 갖는 의미는 생각보다 다양하고 깊은 듯하다. 얼마 전 친구가 시모상을 당한 뒤 우울증에 빠져

헤어나질 못한다기에 전화로 이야기를 나눈 일이 있다. 이사를 서른 번이나 한 사실을 털어놓았다. 결혼 당시 중소 건설업체 맏며느리로 가는 줄 알았는데 부도 상태인 시댁으로 들어가게 되었던 모양이다. 그녀는 당장 집안을 일으켜 세워야 하는 상황에 직면했다. 서른 번이나 이사를 해야 할 만큼 난감했던 세월을 살아냈으니 몸져누울 만한 사연이 없을 수 있겠는가.

친구는 평생 곱게 사신 시어머니에게 하지 말았어야 할 말을 한마디한 것이 병이 된 것 같다는 것이다. 가끔씩 어렵게 마련한 돈으로 용돈을 드리면 신심이 두텁던 그 어른은 모두 절에 시주하고 돌아왔다. 그래서 어느 날 속이 답답하던 차에 에둘러 뼈 있는 말을 했다.

"어머니, 오시는 길에 예쁜 돌이라도 주워 오시지요?"

그랬더니 고까워하기보다는 오히려 담백한 대답이 돌아왔다고 한다.

"야야, 돌은 뭐할라꼬?"

친구는 억장이 무너지더라고 했다. '천치' 같은 저 어른에게 내가 무슨 소리를 한 거야 하는 후회를 했다고 한다. 삶에 찌들어 마음이 조급했던 자신과는 다르게 언제나 밝은 부분을 먼저 보는 분이라 '돌'의 쓸모를 물으시더란다. 한 치 앞을 내다볼 여유가 없었던 자신에게 보살 같은 시어머니가 계셔서

서른 번의 이사도 잘 견딜 수 있었다고 했다. 그 어른은 성공한 지금의 친구를 있게 한 정신적 의지처였던 것 같다.

"이제 어머님의 마지막 이사를 마치고 나니까 일어날 힘이 없네. 세상 물정에 '천치' 같은 어머님이 '보살'인 게 그때 내 눈에는 보이지 않더라. 요즘 둘이 지내기 딱 좋았는데…."

아쉬움과 회한이 묻어나는 목소리다.

모든 생명체는 생존을 위한 최적의 환경을 찾아 끊임없이 이사를 한다. 때로는 당연히 그렇게 해야만 할 경우도 적지 않다. 그런 이사의 내용을 들여다보면 기쁨과 희망이 이유인 경우도 있지만 슬픔과 좌절이 서려 있을 때도 있다. 때로는 암중모색의 방편일 수도 있다. 이러한 이사 이유의 공통점은 현재보다 바람직하고 안전한 생존을 위한 행위라는 사실이다.

얼마 전에 전입 기록이 있는 '주민등록초본'이 필요해 주민센터에 들른 적이 있다. 내 기억으로 옮겨 다닌 게 십여 차례 정도인 줄 알았는데 이십여 차례인 것으로 나와서 놀랐다. 결혼 후 마흔 해 동안 이사의 의미를 새겨 볼 겨를도 없이 고비마다 옮겨 다니며 분답하게 살아왔다는 증거다. 이 정도면 이사에 대한 회한이 없을 수 있겠는가. 그때는 눈앞에 닥친 일이 급해 물리적인 이동 이상의 의미를 생각하지 못했다. 그러나 우리 가족은 매번 그 선택에 대해 최선을 다했고, 현재에도, 미래에도, 그러고 싶다.

눈물도 말라갈 예순을 넘긴 나이, 자존심 강한 그 남자에게 하필 한 해가 저물어가는 섣달에 빈손이 된 채 맞은 '이사'의 무게는 만만치 않았을 것이다. 그것도 처가가 있는 곳에서 부인의 노동으로 당분간 생계를 이어가야 한다는 사실은 꺾인 날갯죽지를 한 번 더 꺾는 일이다. 그러나 생명은 회생의 본능이 있지 않은가. 시련을 경험한 삶은 한 인간을 더욱 단단하고 지혜롭게 하리라.

우리는 영혼이 아름다운 사람을 가끔씩 '보석'에 비유한다. 그 까닭은 보석이 생성되는 과정도 과정이려니와 세상에 드러나는 일이 여간 어려운 일이 아니기 때문이다. 고난과 시련의 시간으로 단련된 결정체의 고고한 빛은 존재 자체만으로 감동이다.

인간의 영혼 또한 사람의 판단으로 가리고 거른 것만으로 무늬가 그려지는 것은 아닐 것이다. 각자가 살아온 궤적에 따라 그 밀도와 아름다움은 다를 듯하다. 현실적인 문제보다 남편의 심기를 더 걱정하는 순천댁의 지극한 사랑을 믿고, 다시 한번 용기를 내어 열어보지 않은 생의 또 다른 문을 열어보기 바라는 마음 간절하다.

한 해를 마무리하려는 때에 이웃의 막다른 골목에서의 이사는 안타깝다. 지난날 나의 세월이 소환된 탓일지도 모른다. 떠나간 이웃에게 한마디 위로의 말을 전하고 싶다. 세상사에 같은 일은 반복되지 않으며 모든 순간은 사라진다는 것을. 오늘도, 내일도, 우리는 그래서 나를 아프게 하는 인연까지도 더할 수 없이 귀하다고 생각하는 것이 아닐는지. 세상의 모든 순천댁 부부 파이팅!

(2020. 1. 29.)

인생백과사전

깊은 밤 서재에 앉아 날짜와 요일, 그리고 날씨를 습관처럼 쓰고, 오늘의 흔적으로 하루치의 삶을 요약해 정리한다. 보고, 듣고, 경험한 것들이 횡대를 이룬다. 가만히 들여다보니 내 생각이란 놈의 자세가 제멋대로인 것을 알겠다. 매우 주관적이어서 친밀감만은 끝판왕이다.

못난 모습, 안타까운 모습, 슬픈 모습, 간절한 모습을 품은 지층이 유난히 눈에 들어온다. 가끔은 여유롭고, 괜찮은 모습도 끼어 있다. 모두 관계의 산물이라는 것이 이제야 한눈에 들어온다. 하지만 지난 시간들에 대한 나의 생각은 그리 관대하지 못했다는 느낌을 받는다. 참 고전적인 일기문인 셈인데, 결미 문단은 늘 반성문 꼴의 글로 채워진다. 내 삶이 세상의 준거가 되어야 하는 것도 아니고, 평범한 사람이 그렇게 살 수는 없는 일이다. 그럼에도 스스로 생각하기에도 아리송한 잣대로 이리저리 들이대면서 나를 속박하기만 했다. 세상에서 내가 가장 만만했던 것일까. 못난이가 될 때도 있지만 괜찮을 때도 있지 않은가.

지금은 고인이 되었지만, 친지 댁에서 오랜 세월 집안일을 도와주던 분이 남편에게 가끔 털어놓았다던 말이 생각난다. "ㅇㅇ이란 놈은 내가 잘못한 것만 기억했다가 야단이야." 그 분은 젊을 때부터 환갑이 될 때까지 친지 댁의 마름으로 있었기 때문에 주인이라 해도 자식 또래다. 해서 남편에게 그놈은 어떻게 내가 잘못한 것만 기억하는지 모를 일이라며 은근히 친지의 뒷담화를 하더란다. 사람은 대개 타인이 잘한 일보다 그렇지 못했던 일을 잘 기억한다는 말이다.

나는 타인이 아닌 나에게 그렇다. 훌륭하지는 않아도 괜찮을 때도 있었을 텐데 늘 반성문 같은 일기를 쓰고 있다. 내 모자라는 점을 알려면 일기장을 펼치면 정말이지 백과사전이 따로 없다. 어느 대중가요의 노랫말처럼 '참, 나는 나쁘다.' 그런데 막상 괜찮은 점을 쓰려고 하니 딱히 생각이 나지 않는다. 결국 나도 괜찮은 사람이 되고 싶은 욕구가 나의 자질을 넘어서고 있는지도 모르겠다.

이렇게 조심하고 반성하면서 용케도 수십 년을 살다 보니 어느새 나이가 꽤 들었다. 그렇게 많은 날을 반성하고 점검해도 다가오는 시간 속에 놓일 내 모습은 예측할 수가 없는 것이 인생인지도 모르겠다. 작년 11월 4일에 평지에서 발을 옮길 때 순간 내 몸은 균형을 잃고 속절없이 넘어졌다. 지금까지 기록된 나의 인생백과사전에도 없는 실수다. 그토록 지난 시간에 대한 일상의 조각들을 모아 들여다보고, 정리하며 반성까지 하면서 한 걸음 한 걸음 살았지만 막상 넘어질 때는 어떤 비책도 떠오르지 않았을 뿐만 아니라 써 볼 겨를조차 없었다. 본인도 예측할 수 없는 생의 여정이 담긴 인생백과사전은 그래서 늘 과거형만 모여 사는 별이었던 게다.

그러니 낭패를 보는 순간 나는 거의 본능적으로 아Q가 되어 정신승리법 같은 헛소리가 나오는지도 모르겠다. 그날도 민망한 어조로 "아직 순발력이 살아 있네."라며 내가 처한 상황을 살필 겨를도 없이 옷을 툭툭 털며 일어섰다. 그때 오른손 새끼손가락에서 전해오는 묘한 느낌과 함께 머릿밑에서 식은 땀이 흘러내렸다. 아뿔싸, 손가락은 이미 부러져 균형을 잡지 못하고 뒤로 넘어가 있지 않은가. 통증이 시작될 때쯤 남편이 왔다. 움켜잡고 있는 손을 보고는 조심성 없다고 한마디 한다. 그 상황에서도 별것 아니라며 점심을 준비했다.

새끼손가락은 완전히 골절되어 결국 수술까지 받았다. 나에게 뜻하지 않게 일어났던 두어 시간 동안의 일과 그 상황에 대처한 나의 모습을 다시 정리를 하자니 이번에는 나도 모르게 입에서 "등~ 신."이라는 소리가 절로 나왔다. 그날도 이런 나의 흑역사는 '얄짤없이' 인생백과사전에 올랐다. 이처럼 일상이 어설프기 짝이 없지만, 기록한 사람이 다시 펼칠 때는 늘 최고의 베스트셀러다.

그 까닭은 일기는 부유물 같은 일상이 아니라 자랑스럽지 않더라도 내 의식에 침전된 삶의 참모습을 담고 있는 금강석이기 때문이다. 인생백과사전의 갈피를 넘길 때마다 일어나는 회한과 감동은 살아가는 동력이 된다. 하루의 일과는 세상사라는 오만 가지의 양념으로 빚었지만, 이 음식은 오직 한 사람만 만들 수 있는 요리기에 그 맛 또한 세상에 존재하는 단 하나다. 대중적인 맛과 거리가 멀수록 요리사는 고독하고 삶의 무게가 만만치 않다. 하지만 그 무게마저 존재의 의미를 깊게 한다.

인생백과사전의 낱장을 넘길 때면 상투적인 형식의 하나인 날짜와 날씨의 기록마저 각별하다. 그것은 아랫단부터 펼쳐지는 나의 서사가 규범 속에 훈련된 체면마저 간단히 뛰어넘는 용감한 진실이기 때문이다.

(2020. 5. 20.)

제7부

별

밤하늘의 별이 몇 개인지를 가장 명쾌하게 알려준 사람은 고향에서 머슴살이하던 '용이'라는 청년이다. 어린 시절 여름밤이면 마을 조무래기들이 개울의 돌담에 나란히 앉아 이런저런 놀이를 하며 더위를 식혔다. 그 옆에 열아홉 살의 용이가 앉아 있었는데 언제나 말없이 하늘의 별만 바라보았다. 사실 별을 세는 것인지 구경을 하는 것인지 어린 나로서는 알 수 없었다.

궁금함을 참지 못하던 어느 날 "용아, 하늘의 별이 몇 개고?"라며 넌지시 말을 걸었다. "석 섬 닷 말." 무심한 듯했지만 확신에 찬 대답이 기다릴 사이도 없이 돌아왔다. 나는 별을 바라보며 늘 공상에 빠졌는데, 용이는 별을 세고 있었다는 생각을 하자 생소한 수의 단위지만 믿어야 할 것만 같았다. 회상해보면 '석 섬 닷 말'에 그의 신념이 스며 있지 않았나 싶다. 훗날 나는 용이의 대답이 〈어린 왕자〉 속의 코끼리를 잡아먹은 보아 구렁이의 그림과 의미가 많이 닮았다고 종종 생각했다.

석 섬 닷 말이란 말은 매우 명징한 것 같았지만 수없이 많은 물음표를 나에게 안겨주었다. 어느 초겨울 저녁, 밥상머리에서 어머니에게 신비로운 그 수의 정체를 물어보았다.

“아이고, 용이 새경이네. 니가 그걸 우째 알았노?”

열아홉 살의 청년이 일 년 동안 일하고 받는 대가라고 했다. 여름이면 땀으로 범벅이 된 채 논밭에서 일하고, 겨울엔 사람이 보이지 않을 만큼 큰 나뭇짐에 묻혀 지내는 걸 보았다. 고된 그의 일상 속에 석 섬 닷 말의 별이 쌓여가는 것을 어머니를 통해서 알았다.

그 뒤 밤하늘의 별은 용이가 새경 받은 나락을 확 뿌려놓은 듯이 보였고, 무변광대하던 우주도 좀 더 친밀하게 다가왔다. 석 섬 닷 말의 의미는 끊임없이 분열하고 진화하면서 나의 의식 세계를 이루는 데 의미 있는 역할을 했다. 마을 사람들이 ‘용이’라 부르자 아이들조차도 ‘용이’라 부르던 머슴의 별은 내 공상의 세계를 허물었고 정물이던 나의 별을 살아 움직이게 했기 때문이다.

학령기에 이사를 나오면서 용이 소식은 알 수 없게 되었지만 어른이 된 지금도 나는 여전히 밤하늘을 올려다보는 것을 좋아하고 별을 마주할 때면 마음이 경건하다. 특히 나는 인간으로 태어난 것에 감사하다. 여러 이유 중 하나는 별을 바라보며 꿈을 꾸고 위로받을 수 있기 때문이다. 반려견 금순이와 산책을 하다가도 나는 별을 쳐다보는데, 녀석은 앞산만 바라본다. 별이 아름답게 빛을 내며 신비로운 메시지를 보낸다 해도 녀석은 고개를 젖혀 그 순간을 공유하지 못한다. 내가 평상에 누워 별을 보면 저는 옆에 엎드려 나만 물끄러미 바라볼 뿐이다. 물론 인간이 다른 생명체보다 나을 게 없다는 자조 섞인 말을 들을 때도 있다. 그러함에도 나의 자부심을 굳건히 받쳐주는 것은 별을 바라볼 줄 아는 사람이라는 사실이다.

요즘도 가끔 용이의 나뭇짐 속에 쌓여가던 별이 생각난다. 간절함이 있었던 그에게는 새경이 별이었을 것이다. 생텍쥐페리에게는 아내를 형상화한 장미 목걸이를 한 어린 왕자가 별이었고, 알퐁스 도데 〈별〉의 양치기 소년의 눈엔 꽃잎 같은 별을 닮은 스테파네트가 별이 아니었을까. 금순이의 별은 어쩌면 긴 시간 함께 늙어가는 나일지도 모르겠다. 나의 늘푼수 없는 살이 방식이 탐탁지는 않지만 쉽게 변하지 않아서 금순이의 별일 수 있을 듯싶다.

고향의 용이로 인해 어린 시절 나의 공상은 균열이 갔고 별은 살아 움직이기 시작했다고 생각했다. 하지만 아직도 간절함을 맑은 영혼으로 바치질 못하고, 가없는 허공만 좇는 사람인 듯하다. 가끔 아들이나 남편이 나의 별인가 싶다가 어느 때는 한 줄의 문장이라 여기기도 한다. 이런 내 마음을 온전히 내놓지 못하는 까닭은 별은 지성스럽고 절실함이 있는 곳에만 존재한다고 생각하기 때문이다.

어느새 나의 시간은 늦가을인데 불모지같이 얼었던 정원에 봄기운이 스며들고 있다. 목단이 생장을 멈추고 에너지를 모아 가지마다 꽃을 달고 있는 중이다. 탐스러운 꽃은 목단의 별이다. 지난가을에 보낸 나의 치성도 거들었다고 믿는다. 나이가 들수록 마주하는 소박한 현상 속에서 예전보다 귀한 것이 보인다. 사물의 매력이 선명하게 다가와 가슴이 설렌다. 나머지 생이 점점 매혹적일 수 있겠다는 생각을 해본다.

우주 공간에는 지구의 사막과 해변의 모래보다 훨씬 많은 별이 있다고 하지만 아득하여 닿을 수 없으니 사람은 각자의 별을 마음속에서 만들었다. 천분학자보다 명쾌하게 별의 숫자도 풀 수 있다. 석 섬 닷 말의 새경으로, 한 떨기 꽃잎으로도, 아름다운 어린 왕자로도. 목단이 용이의 별처럼 내 곁으로 오듯이 올봄에는 머뭇거리던 뭇별이 많은 이의 가슴에 쏟아질 것 같나. 가장 친숙한 별은 두근거리는 마음에 내리나니.

(2022. 3. 30.)

울산시계탑

일흔을 턱걸이 중인 젊은 날 셋방살이 동기가 시계탑 사거리에서 마흔 해째 미장원을 열고 있다. 두 달에 한 번 정도 들르면 그녀는 나의 시간을 5년 정도 감쪽같이 돌려놓는다. 그뿐만 아니다. 머리를 만지면서 표정으로는 수필을 쓰고, 입으로는 동화를 쓴다. 손에 든 가위는 시가 흐르듯 리듬을 타는 묘한 매력을 발산해 나를 탄복하게 한다. 거기에다 어느 날은 볶기도 하고 염색까지 해준다. 기분이 내키는 날은 눈썹까지 밀어 모나리자로 만들어놓고는 밑그림 연습을 많이 하면 피카소도 될 수 있단다. 오래된 도시 같은 사람이다.

처음부터 그녀가 그런 여유를 가지고 일한 것은 아니다. 마흔 해 전 그녀의 미장원은 첨단을 걷는 겉모습 못지않게 고객 또한 멋쟁이들이 즐겨 찾았으며 그녀는 울산 멋쟁이들 대모 같은 느낌을 주었을 정도로 선구적이고, 활력이 넘쳤다. 사람뿐만 아니라 도시의 역동성도 시대적 배경이 중요한 역할을 한다.

울산 역동성의 근원을 찾아 나서면 시계탑이 나온다. 1962년 특정공업지구로 지정되면서 사람들의 시간 개념이 달라지기 시작했다. 해가 뜨면 일을 시작하고 해가 지면 집으로 돌아가던 농어촌 사람들의 삶이 공단 조성으로 시곗바늘의 움직임을 중요시하게 되었다. 이와 같은 계기로 시민들의 편의를 위해 1966년 지금의 장소인 중구 성남동에 시계탑을 설치하게 되었다.

이 일은 울산 시민의 생태계에 천이를 알리는 상징이기도 했다. 원도시 주변과 이웃 지역에서 사람들이 모여들기 시작했으며 그들의 일상은 바쁘지만 풍요의 맛에 대한 갈래에도 관심을 갖기 시작했다. 사람들은 시간을 신이 준 화수분이 아님을 자각하고 삶의 질과 소망, 얼마간의 향락을 위해 지혜롭게 사용하려 했으며, 그와 연계된 문화는 원도심의 간판에도 등장하게 되었다. 기술학원, 미장원, 은행과 호텔, 그리고 극장과 다방 등이 들어서기 시작한 것이다.

이 중에 여성의 아름다움을 가꾸는 미장원은 산업사회가 되면서 적극적으로 사회활동에 참여하는 여성들의 이미지를 창조하고 정보를 교환하는 주요한 공간이 되었다. 젊은 여성들의 취업과 창업 정보, 자녀들의 육아와 교육, 방송가의 이야기, 스타들의 사생활, 인근 도시의 변모, 여행과 패션의 흐름까지 접할 수 있었다. 나처럼 외부 정보에 어두운 사람에겐 꼭 필요한 실사구시의 예비정보를 짧은 시간에 효율적으로 얻을 수 있는 유익한 공간이었다.

새로운 시간의 개념은 사람을 변하게 했고, 사람을 담고 있는 공간과 사회를 변화시켰다. 여성들은 정물을 연상시키는 듯한 수동적인 이미지에서 벗어나 자신의 고유성을 깨닫기 시작하면서 시계탑 사거리에는 하루가 다르게 여성의 공간도 늘어갔다. 화려하고 역동적인 변화가 일어나면서 번화가의 면모는 곱고 아름다우며 따뜻한 색깔로 조화를 이루었다.

생태계는 끊임없는 천이가 일어나고 있다. 모든 존재의 숙명인 터전의 이동은 환경의 변화가 만들어내는 필연적인 현상이다. 인간 사회 역시 마찬가지다. 땅속에서 마냥 잠만 잘 것 같던 어느 종의 씨앗이 원하는 생존 조건의 환경이 되면 싹을 틔우고, 꽃을 피우고, 열매를 맺으며 터를 잡듯이 사람도 그렇다.

나는 오늘도 미장원에 들러 여전히 아름답고 우아한 그녀에게 머리를 맡겨놓은 채 사거리 풍경을 바라보고 있다. 현재의 시계탑 원형구조물 위에는 일제 강점기에 세워진 최초의 울산역을 상징하는 여섯 량의 모형 기관차가 매시간 기적을 울리며 한 바퀴씩 돌고 있었다. 세계문화유산인 반구대 암각화로 디자인된 원형구조물은 울산의 역사성에 품격을 더했다.

오늘따라 모형 기관차의 기적소리에 귀 기울여야 할 메시지가 담긴 듯하다. 2015년 재조성된 시계탑은 도심의 팽창으로 몇 번의 우여곡절과 변화를 겪은 뒤, 역사 속으로 사라진 최초의 울산역 존재와 시간의 유한성을 일깨우는 일을 맡게 된 듯하다. "와 또 소리를 지르노?" 하는 주변 시민들의 친근감 넘치는 지청구를 기꺼워할 만큼 서로에게 익숙해진 듯한 기적소리가 나의 명치끝에도 스며든다.

시간은 아쉬움과 그리움이란 유산을 남기고 지나간다. 공업도시로 번창하던 원도시의 활기가 강을 건넌 지 꽤 되었다. 공업단지와 효율적인 유기적 관계를 맺을 수 있는 강남이 중심도시가 되었다. 생멸이 불꽃처럼 이루어지던 시계탑 사거리는 조용해졌다.

소용돌이 같던 역동의 시간이 남긴 현재의 고독한 구시가지는 새로운 소망으로 미래를 재생 중이다. 주변은 문화 공간으로 경박한 화단이 아니라 중후하고 고풍스러운 역사적 정원으로 다시 태어나고 있다. 무엇보다 문화의 척도라고 할 수 있는 울산시립미술관이 원도심에 2021년 12월 개관을 앞두고 마무리하느라 바쁘다. 역동의 시간이 가고 더욱 성숙해지고 격조 있는 공간으로 거듭나는 중이다.

역사는 생멸의 소용돌이와 재생이 끊임없이 반복된다. 치열한 격전지 같았던 공업도시, 울산 최초의 중심가 시계탑 사거리에 나의 소중한 벗은 마흔 해를 함께한 시계탑을 닮아가고 있다. 매시간 기적을 울려 도시의 옛날을 상기시키듯 아직도 파마가 끝나면 손님에게 머리 손질법을 알려주며 고왔던 시간 속으로 잠시 돌아가게 한다.

요즘 나는 시계탑의 시계가 알려줄 수 없는 미래의 시간을 생각하는 날이 잦아졌다. 늦가을 구절초 같은 그녀에게로 가는 날은 골동품점을 방문하는 것처럼 마냥 좋기만 하다. 사람이나 도시나 세월이 흐른다고 다 고풍스러워지거나 여유가 있는 것은 아니다. 하지만 이미 울산시계탑 사거리는 범접할 수 없는 오래된 도시의 품격을 갖추어가고 있다.

(2021. 10. 28.)

천천히 가면

들꽃 한 다발을 아침 식탁에 올렸다. 세상의 색을 모두 모아 식사를 마련한 듯 밝고 따듯하다. 커튼을 걷자 곱고 얇은 햇살이 보글거리는 된장뚝배기에 내려앉는다. 맑은 얼굴에 주름살이 늘어가는 마주앉은 남자가 반가워할 상차림인 듯싶다. 우리 부부가 한 달에 두 번 가질 수 있는 여유롭고, 귀한 시간이다.

몇 해 전까지만 해도 일 중독자처럼 쉬는 날이면 오히려 일을 더 많이 하느라 주변의 변화에 눈길조차 주지 못하고 하루를 소진했다. 최근엔 좀 느긋해졌다. 풀을 뽑다가도 새로운 녀석을 만나면 인사가 길어지고, 기념촬영도 잊지 않는다. 이웃에 누가 이사라도 오면 꽃모종을 종류별로 상자에 가득 담아 선물도 한다.

사람이 나이를 먹으면 불편하거나 안 좋은 것도 있지만 좋은 점도 더러 있는 것 같다. 매사에 서두르는 것만이 능사가 아님을 아는 일이다. 느린 걸음은 무시로 주변을 살피고, 자신을 돌아볼 수 있어 좋다. 나눔도 수평적이며 가볍고 단순한 것이 좋다는 것도 알겠다. 젊은 날의 나눔 속에는 나의 과시욕도 들어있었다. 그래서 본의 아니게 나눔의 본질이 무색해질 때도 있었다. 나만이 느끼는 일은 아닌 듯하다. 울과 담의 경계 없이 지내는 이웃의 안주인 역시 가볍고 단순한 관계의 묘미를 알아차린 것 같다.

그녀는 장볼거리라고 해야 갈치 두어 마리와 마른찬 거리, 그리고 인절미 몇 조각이 전부지만 오일마다 언양장에 간다. 우리 집으로 오는 걸 보면 장날인 것을 안다. 가볍고 단순하게 나누는 재미를 보기 위해 떡 봉지를 달랑거리며 들고 오는 걸음이 즐겁고 가벼워 보인다. 그녀와 나는 팥고물을 금방 묻힌 달고 구수한 인절미 맛에 푹 빠진다. 살아가는 속도를 조금 늦추니까 그녀의 따뜻한 마음이 보이고, 말하지 않아도 손톱이 닳도록 열심히 산 세월이 보였다.

갑자기 한줄기 골바람이 올라오자 산책로의 나무들이 서로 몸을 비비고 흔들어댄다. 고달픔의 아우성이 아니라 생명의 환희로 다가온다. 그녀와 나를 스쳐간 바람 또한 고단함이 묻어 있는 듯하지만 삶을 노래한 환희의 시간이었을 것이다.

과거에는 알 수 없는 허기 때문에 쫓기듯 신간新刊을 사던 때도 있었지만 근래에는 꼭 필요한 것 외에는 책을 잘 사지 않는다. 예전에 읽었던 책 가운데 다시 열어보고 싶은 것을 읽기도 한다. 세월의 때가 묻어 누리끼리한 책에는 특유의 묵은내가 배어 있다. 그런 책을 마주할 땐 저자를 비롯해 편집 관계자와 발행인에게 감사하는 마음과 존경심이 생긴다. 물론 한 장을 읽는 데 걸리는 시간도 고무줄이다. 가끔 세월 저쪽의 시간에 끌릴 때는 오랫동안 유추하고 상상하는 유희에 빠지기도 한다. 그 시간 속에서 나의 정서는 축복을 받은 듯 호사를 한다. 어떤 글은 필사도 하는데 오래전에는 단순히 베끼기 수준의 필사를 했던 것 같다.

최근에 법정 스님의 글을 필사하기 시작했다. 철없을 때 시건방지게 스님의 세계를 들락거렸다. 길을 가다가 호기심에 길가의 집을 들여다보듯 조합을 이룬 활자의 겉모습에 반해 성의 없이 책장을 넘겼다. 부지런하지도 않고 진중하지도 못한 습관 때문에 시간을 버리고, 겉멋만 늘어 빈 병처럼 미풍에도 윙윙거리고 시장기를 느낀 적이 많았다. 그러나 이제 별도리가 없다는 것을 알기에 그리 안달하고 싶지는 않다.

스님의 세계를 다시 방문하면서 나의 내면에 흥미로운 현상이 일어났다. 예전엔 초대받지 않은 손님이거나 나그네처럼 잠시 둘러보고 지나간 느낌이었다면 필사를 하는 요즘은 작가와 동거인 또는 가족 같은 심리를 경험하고 있다. "세상에 속절없이 '무소유' 화두 하나 던지시고 스님 혼자 죽을 고생만 하다 가셨네요."라며 싱겁게 중얼거린다.

《아름다운 마무리》 중 〈놓아두고 가기〉에는 결벽증에 가까운 스님의 '무소유'적인 삶이 단면이 그려지고 있다. 만년에 길상사에서 사월초파일 행사를 마치고 강원도 오두막으로 돌아가실 때의 일이다. 수행자의 지나치게 소박한 공양을 잘 아는 공양간에서 자동차에 음식을 실어드렸는데 스님이 자책을 한다. 입으로는 '무소유'를 떠들면서 대중이 먹을 음식을 개인적으로 더 가지고 가는 일은 온당치 못하다며 삼십여 리 떨어진 마을의 삯일하는 집에 가져다 놓고 돌아온 일을 쓰고 있다. 공양간의 신도들은 수행승의 건강을 염려해 챙겼을 것이지만 스님의 '무소유' 해석은 상당히 보수적이었다.

그러나 병을 얻어 당신의 의지와는 다르게 많은 사람에게 신세를 지기도 하고, 하고 싶은 일을 마음껏 할 수도 없는 지경에 이르기도 하다 삶의 마지막 문제를 해결하셨다. 그 사이 세상에 던진 화두 무소유는 보통명사가 되어 만인의 입으로 순례를 하는 동안 본래의 의미는 퇴색되고 말만 하기 좋아하는 자들은 말의 유희로 여기는 듯도 했다. 필사하던 손길을 잠시 멈추고 또 한마디한다. "그러니까, 스님만 생고생하셨다니까요. 근래에는 청렴한 공직자들마저 무소유가 아닌 소유의 상징이 되었어요. 인간의 유전자를 변형하지 않고는 불가능한 기라요." 혼잣말이 잦다는 생각에 홀로 있어도 민망하다. 스님의 글에는 수행자이기 전에 한 인간으로서의 고독이 문장의 행간에 고스란히 배어 있다. 병들고 아프면 기가 빠지는 것은 인지상정이다.

생명의 본질은 유한성이다. 누구나 아는 이 사실을 잊은 채 앞서가려 애쓰느라 놓치는 것이 많았던 시절이 있었다. 생의 행로에 무던한 묵언 동행도 서로에게 선물이다. 느리게 가면 뒤따라 오던 것과도 만날 수 있다. 잠시 멈추면 작고 아름다운 것들이 눈에 들어온다. 이른 아침 텃밭의 상추 사이에 홀로 우뚝 선 광대나물꽃이 형형한 성자의 눈빛처럼 아름답다 못해 신비롭다. 놓칠 뻔한 귀한 순간과의 조우다.

인간은 생로병사의 경험이 끝나는 날 자유를 얻는다. 그날은 누구에게나 공평하게 오지만 대개 사람들은 마음속에 자신은 불사조와 같다는 신념을 가지고 있다. 하지만 그런 것마저도 좀 느긋해질 수 있는 시간이 온다는 것은 축복이다. 마냥 좌충우돌하며 사는 것보다는 다행한 일이 아닌가. 나는 요즘 하루를 여러 조각으로 나누기보다 몇 무더기, 때로는 한 무더기로 둘 때도 있지만 그 안에서 하고 싶은 일을 힘 닿는 데까지만 하는 날도 있다. 나름의 방식으로 얻을 수 있는 각별한 맛이라고 여긴다.

오월이면 거처 한쪽 귀퉁이에 홍단풍이 곱다. 무성하게 어우러진 붉은 숲보다 오래된 나무의 허리통에 돋아나는 몇 가닥의 선홍색 여린 잎에 반하고 있다. 이 멋 또한 삶의 속도가 느려지고부터 보이기 시작했다.

(2021. 5. 16.)

좌판 위의 남자

쓸모없어지면 사람이나 물건이나 매한가지로 역할도 없어지는가 보다. 재래시장 모퉁이에 며칠 전부터 생선 좌판이 종일 같은 장소에 버려져 있다. 장마가 끝난 요즘은 아침부터 불덩이처럼 달구어진 해가 두렵다. 날씨가 맑기만 해도 하루가 온통 소금에 절여질 것 같아 불쾌지수가 오른다.

후텁지근한 날씨 때문인지 버려진 생선 좌판 주위로 파리와 날벌레들이 극성이다. 생선 좌판도 한때는 요긴했을 것이다. 살아서 퍼덕이는 생선을 수북이 쌓아놓은 주변을 사람들이 북적거릴 때면 신이 나서 삶의 생기를 북돋웠을 테다. 수명을 다하고 나니 본래 존재감이 없는 물건인 듯 사람들로부터 버려져 쓸쓸하다. 왠지 무생물인 생선 좌판에 외로움이 흠뻑 배어 있는 것만 같아 지나다니면서도 자꾸만 눈길이 간다.

늦은 아침 좌판을 지나려는데 텅 비어 있다는 느낌이 들지 않고 그득한 느낌 때문에 고개를 돌려보았다. 중년을 조금 넘긴 듯한 남자가 소주병을 엄지와 검지 사이에 걸고 좌판 위에 잠들어 있었다. 언제 집을 나왔는지 짐작조차 어려우리만큼 옷은 남루하고 신발도 풀잎처럼 닳았다. 내 눈길은 그 남자의 발부터 머리까지 옮겨 다녔다. 얼굴이 참 선하게 생겼다. 그 행색에도 불구하고 맑은 모습이 아직 남아 있었다. '참, 아깝다. 누굴 해롭게 하진 않았을 텐데….' 하는 생각이 들었다. 잠든 남자의 아랫배 위에 얹혀 있는 오른손에 남겨진 손가락 두 개는 쫓겨난 아이처럼 불안해 보였다. 얼굴에 맺힌 땀이 목주름 사이로 실개천같이 여러 갈래로 흘러내리고 있었다. 그 모습을 바라보면서 남자의 어려운 시간이 서둘러 지나갔으면 하는 안타까운 마음이 들었다.

이미 그에게서 떠났을 법한 것에 대해 생각해 보았다. 예전에 그를 부르는 호칭은 몇 개나 되었을 것이다. 'ㅇㅇ씨, 애비야, 여보, 오빠….'와 같은 친근감 넘치는 삼인칭의 호칭들이 아니었을까. 손가락 세 개가 달아나는 등 참혹한 시간이 훑고 간 그에게 남은 것은 무엇일까. 지금 두 개의 손가락 사이에서 함께 잠든 '참이슬' 맛뿐인지도 모른다. 그의 속은 복개된 하수구 속처럼 복잡하고 엉망이 되어버렸을 것이고, 머릿속도 얽혀버린 실타래를 닮지 않았을까 싶다. 그래서 그는 빈속에 소주를 마셨을 것이다.

남자는 좀처럼 잠에서 헤어나지 못하는 것 같았다. 어쩌면 그는 눈을 뜨고 싶지 않은 것인지도 모르겠다. 눈을 뜨고 세상과 마주하는 일이 밤중에 산속에서 불을 흘리는 호랑이와 마주 서는 것보다 두려운 일일 수도 있기 때문이다. 다행히 얼마 전까지 쓸모없어 버려진 것 같던 생선 좌판이 해가 중천에 이르도록 남자를 품고 있다. 잇속을 떠나 생선을 담았던 몸으로 인생의 격랑에 선 사람을 잠시 편하게 쉴 수 있도록 자리를 만들어주고 쉼터의 역할을 하는 좌판이 어찌 사람의 인심과 비교할 수 있을까.

몇 년 전 IMF를 겪으면서 많은 사람이 일터 대신 길거리를 떠돌던 때가 있었다. 재산도 일자리도 잃고, 자식과 부인이 떠나고 마지마 남은 몸마저 병들어 걸인이 된 남자가 우리 가게에 자주 들렀다. 당시 그는 심각할 정도로 신체적, 정신적 공황으로 언행이 위험해 보였다. 그가 올 때마다 나는 조금씩 도움을 주면서도 내심으로 경계를 풀지 못했었다. 태풍이 잦아들자 그도 조금씩 안정을 찾아갔다. 반가운 일이 아닐 수 없었다. 그해 12월 마지막 날 그가 오자 나는 예전처럼 얼마간의 돈을 그에게 건넸다. 그러자 그는 오늘은 다른 일로 왔다고 했다. 머쓱해진 나에게 작은 상자 하나를 내놓으며 선물이라고 했다. 순간 내 머릿속이 하얘졌다.

"볼펜이에요. 글쓰는 것 같던데…."

그가 나에게 준 것은 자주색 볼펜이었다. 그런 선물을 받은 건 처음이었다. 선물을 준 남자는 그날 이후 우리 가게에 오지 않았다. 이듬해 1월부터 주변 상가에서 물건을 자주 사 가는 것을 보았다. 아마도 장사를 시작한 듯했다. 다행이라 여기면서도 고개를 갸웃거렸다. 혹시 우리 가게에 찾는 물건이 없어서 이웃 가게서 사는가 하면서도 날이 갈수록 서운한 마음으로 바뀌었다. '내가 자리에 없으면 기다렸다가 도움을 받았으면서' 혼란스러웠다. 나름대로 사정이 있으리라. 그렇게 이해를 하면서도 괜히 도움을 준 것 아닌가 하는 후회도 되었다. 그리고 내가 그를 향해 가지고 있던 선한 마음이 사라진 것을 순전히 그 남자의 탓이라 생각했다. 날씨가 추워졌을 때 무슨 연유인지 남자는 다시 예전의 행색으로 찾아왔지만, 내 마음은 움직이지 않았다. 냉정하게 그를 대하자 다른 가게로 갔다. 그곳에서도 별 소득 없이 해 질 무렵 추위 속으로 사라졌다.

그날 내 마음속의 '측은지심'을 보았다. 버려진 생선 좌판보다 보잘것없는 허영심이라는 것을. 그를 본 지 오래되었다. 나는 좌판 위에 잠든 남자를 보며 그에게 안타까움을 느끼는 게 예전의 그런 마음이 아닌가 싶어 두려웠다. 시간의 강물은 존재의 모든 순간을 함께 흐르게 한다. 부끄러운 나의 모습도 아득히 흘러가고 있다. 나의 용렬함이 생선 좌판 앞에서 더 부끄러웠다.

만물은 존재 이유가 있다고 하지 않던가. 그늘 한 점 없는 땡볕 아래 잠든 남자의 얼굴 위로 바쁘게 돌아다니는 파리조차도 그럴진대, 좌판 위의 남자 역시 자신이 자각하지 못한 큰 이유가 있을 것이다. 혼곤한 잠에서 깨어났을 때 존재 이유를 긍정했으면 좋겠다. 만신창이가 된 그를 품어준 생선 좌판에서 그 답을 얻었으면 좋겠다. 이미 떠난 예전의 서푼도 안 되던 나의 측은지심이 좌판 위의 남자를 보면서 되살아난다. 다시 부끄럽다.

(2007. 9. 6.)

맑은 부자

산마을의 겨울나기 준비는 만만하지가 않다. 우선 기온이 시내보다 낮은 데다 가옥 구조도 아파트보다는 외풍이 심한 편이라 보온과 난방을 위해 각별한 준비를 해야 한다. 난방도 그렇지만 먹거리도 아쉬우면 슈퍼마켓에서 두부 한 모를 사다가 찌개라도 쉬이 할 수 있는 환경이 아니다. 겨울 준비 자체도 버거운데 나이가 들어가면 나이만큼 몸도 굼뜨고 힘에 부치기에 10월부터 서둘러도 12월이 되어야 월동 채비를 끝낼 수 있다.

매년 느끼는 일이지만 11월과 12월은 눈 깜짝하는 사이에 지나가는 것 같다. 휴일은 새벽에 일어나 저녁이 되고서야 쉴 수 있을 만큼 일이 많다. 텃밭에 심어둔 김장거리를 거두고 뿌리 식물은 얼지 않도록 보관해야 한다. 과일을 추수하고, 동파

할 수 있는 곳은 모조리 보온재로 싸거나 덮는다. 가장 늦게 하는 일이 김장과 장작 패기다.

장작은 간벌한 참나무를 매년 3톤 정도 사서 자르고 쪼개기를 직접 한다. 이 일은 겨울이 깊어지기 전에 끝내야 하지만 장작 패는 일은 해마다 더 힘들고 시간도 걸리는지라 12월 중순이 지나야 어느 정도 마무리가 된다. 장작 패기는 남편의 몫인데 고희를 넘긴 남자에게 큰일이 아닐 수 없어 올해는 유압도끼를 장만했다. 남편은 호기심 가득한 아이가 되어 도끼날 앞에 나무토막을 올려놓고 도끼의 레버 누르기를 반복한다. 도끼날에 힘이 전달될 때마다 통나무가 벌어져 불 때기 좋은 참나무 장작이 되자 유압도끼의 편리성에 감탄하며 하루에 두어 시간씩 쪼개더니 며칠 새 장작더미가 수북해졌다.

시로 돕기는 하지만 장작 패기가 남편의 겨울 준비 중 큰일이라면 김장은 나에게 큰일이다. 고추와 마늘, 생강, 파 등 양념은 물론 배추와 무까지 농사를 지어 김장하는 일은 긴 시간과 노력이 들어가야 한다. 그중에도 추위를 많이 타는 사람이 가장 추울 때 김장한다는 것은 벅찬 일이다. 그래서 김장할 때마다 효율적인 법이 없을까 궁리 같지 않은 궁리를 한다. 때로는 세월도 정이 많은 것 같다. 작은 것이지만 나에게 지혜를 준 덕에 그동안 별 무리 없이 겨울 준비를 해왔다. 하지만 올해는 무거운 것을 들고 옮기는 일이 좀 벅차다.

그럼에도 김장은 일 년에 한 번씩 찾아오는 친구 같다. 해마다 농사지은 김장 재료는 크기와 인물이 다르고, 맛이 달라 그간의 날씨라는 자연환경이 미쳤을 영향을 생각하면 그저 고마울 따름이다. 흉년일 때는 꼬질꼬질한 몰골이 꼭 나 같아 동병상련의 정을 느끼기도 하고 시원스럽게 잘 자랐을 때는 인물이 훤한 자식 같다는 생각을 하며 김장을 버무린다. 물론 끝나고 며칠간은 몸살 기운 때문에 고생이지만 김장이 준 여운은 온 겨울을 따뜻하게 해준다.

올해는 같은 날 김장과 장작 쌓기를 한꺼번에 마치고 집 주변 청소까지 하고 돌아서는데 겨울비가 내리기 시작했다. 순간, 심리적 포만감이 밀려와 "와, 우리 부자다."라고 한마디 뱉었다. 남편이 웃었다. 알 것 같다는 느낌이 얼굴 가득하다. 나는 아직 우리가 '부자'라는 말을 해 본 적이 없었던 것 같다. 부자의 요건이 사회 현상의 흐름에 따라 그 기준과 개념도 바뀌는 것 같기 때문인지도 모른다. 부자의 조건이 여럿이라 해도 내 궁량으로 그것들을 채울 수 없다는 것을 알고 있다.

그러나 쉬는 날의 일과가 벅찼지만 집에서 일어나는 모든 현상이 내 의식에 명료하게 스며들어 포만감을 주어서인지 부자란 말이 자연스럽게 나왔다. 더구나 남편이 깊이 고개를 끄덕여준 것은 '공감과 동감'을 표시한 행위다. 시골의 삶이 아니라도 노년의 삶은 부자의 의미가 달라지는 것 같긴 하다. 복잡하고, 많은 소유의 개념에서 단순하고, 간소하며 가벼워서 홀가분한 개념으로 이동하는 것 같다. 어쩌면 지금의 우리 부부는 가장 부자이며 행복한 시간을 보내고 있는지도 모른다.

경자년 한 해는 개인의 능력과 욕심에서 오는 부조화로 힘든 시간을 보낸 것이 아니다. 지구와 국가의 환경이 끊임없이 요동치는 통에 우리는 불안정한 일상 속에 방치된 듯 살고 있다는 생각이 들 때도 있었다. 벌써 1년이 지나고 있는 코로나19 사태의 상황은 또 어떤가. 개인의 노력에도 불구하고 현 정권이 들어선 이후 경험한 생소하고 불편한 일들은 미래에 대한 불신과 불안으로 마음의 안정을 잃어가게 하고 있는지도 모른다. 정지되어버린 안갯속 같은 모호한 시간은 적지 않은 나이 때문인지 나의 미래를 협박당하는 기분에 휩싸이기 일쑤였다.

신축년에는 미래와 단절된 듯한 불안감은 말끔히 사라지고, 욕심이라기보다 조금은 여유로운 날을 꿈꾸며 달려온 나의 시간들이 허망하지 않았으면 좋겠다. 새해엔 모든 사람이 어느 곳에 있든지 인연 닿는 것들에 안심하고 매진할 수 있어 보람되고, 맑은 결실을 볼 수 있으면 좋겠다. 그래서 모두의 입에서 "와, 우리 부자다." 하는 감탄의 문장이 쏟아지면 참으로 좋겠다.

(2020. 12. 23.)

제8부

머그샷

미국 대선 후보인 트럼프가 매력이 넘치는 숙녀의 가슴에 안겨 대한민국 나의 일터에 나들이 왔다. 인상은 참으로 기괴하리만치 구겨져 있고 두 눈은 양쪽으로 동시에 곁눈질하고 있다. 복잡미묘한 속사정이 고스란히 드러난 표정이라 흥미로운 분위기의 캐릭터다. 그를 안고 온 여인은 시애틀에 거주한다고 했다.

갑자기 '그녀는 트럼프 지지자인가? 그의 팬인가? 교포들은 트럼프에게 호의적인가? 그는 한국에 그리 우호적이지 않다고 했는데?' 많은 생각을 하다가 "트럼프를 응원하나 봐요?" 하고 물었다. "아니요. 이 캐릭터가 재미있잖아요." 하면서 셔츠 위의 그 남자를 내려다보며 쓱 쓰다듬었다. 여유롭고 즐거워하는 표정이 역력하다. 지지하지 않는다고 그의 모든 것을 부정할 필요는 없다는 느낌을 받았다.

재미와 중요한 선택은 별개라는 말이다. 선택의 기준은 지도자로서 자질이고, 재미는 우리에게 보이는 이미지에 대한 반응이다. 그 요소가 자질과 일치하는가는 또 다른 문제이니 뽑는 기준에 영향을 주기 어렵다. 그녀는 한국인이지만 다민족 국가인 미국적 사고방식을 지니고 있는 듯하다. 모두 같지는 않겠지만 미국인들의 보편적인 생각법은 그녀와 유사하다고 할 수 있을 것이다. 그렇다면 이번에 누가 대통령에 당선되어도 미국인들의 상황을 이해하고 국가 운영을 잘할 인물일 거라는 결론에 이른다.

나는 그녀가 매우 합리적인 사고의 소유자라고 생각했다. 크게 비싸지 않은 티셔츠지만 가슴에 그려진 캐릭터의 특별함에 가치를 두고, 구매하고, 즐긴다. 돈과 일에만 가치를 둔다면 우리의 삶은 매우 건조할 수밖에 없다. 큰 부를 누리기 위해서는 시간과 노력을 쉴새 없이 기울여야 한다. 다른 일이나 생각에 집중할 여유가 없다. 자연스럽게 개인의 삶은 균형을 잃게 된다. 자본의 충성스러운 노예가 되어 인생의 많은 부분을 소진한다는 것은 억울한 일이다.

가치를 발견하는 안목도 경험과 훈련, 끊임없는 공부의 결과다. 공벌레의 기는 동작에도, 자동차의 낡은 바퀴에도 중요한 값이 될 무엇이 존재한다. 다만 누군가 발견하고 의미를 부여해 세상에 존재하게 할 때 우리는 새로운 세계를 맞을 수 있을 것이다.

트럼프 전 대통령은 머그샷 굿즈로 큰돈을 쓸어 담았다고 한다. 범죄 혐의가 있어 풀턴 카운티 구치소에 수감될 때 그의 머그샷이 탄생한 것이다. 보석금 20만 달러를 치르고 짧은 시간에 한화 100억 원 대의 돈방석을 만들었으니 신출귀몰한 그의 능력이 놀랍다. 미국 사람들은 처벌은 사법기관의 일이며 트럼프는 사업가로 명확하게 구분해서 보는 것 같다. 그러니 그의 머그샷 표정은 다양한 사람의 취향을 자극하고 결국 굿즈까지 탄생할 수 있었던 게 아닐까 싶다.

머그는 얼굴의 은어로 쓰였다고 한다. 자랑스러운 얼굴이 아니라 위법 행위의 결과 범인 인식을 위해 찍은 사진이라고 하니 격이 떨어지는 얼굴인 셈이다. 이런 사진마저도 별개의 해석으로 재화의 가치를 부여하는 시대에 우리는 살고 있다. 제퍼 페럴 교수가 쓰레기, 즉 버려진 물건을 재활용한 사람들의 이야기를 주제로 쓴《도시 쓰레기 탐색자》를 읽은 적이 있다. 관점에 따라 쓰레기의 해석이 다양해질 수 있음이 흥미로웠다. 그와 같이 관점이 특별하다면 머그샷이 굿즈가 되는 것은 낯선 일이 아닌 듯싶다. 무엇이든 소재가 될 수 있는 자유로운 세상이다.

이렇게 흥미로운 발견은 자연물에서도 가능하다. 일전에 차

양모자 두 개가 왔다. 김 선생이 여름나기 선물로 우리 부부에게 보냈다. 챙이 넓고 얼굴과 목까지 가리는 디자인이다. 이리저리 모양을 살피며 쓰임과 효용성을 생각하다가 계곡 탐험에 대한 욕구가 생겼다. 갑자기 주변 골짜기의 리스트가 줄을 선다. 물이 흐르는 곡지谷地의 자연 생태계가 떠오르니 모자의 가치가 급상승한다. 모자에서 파생되는 다양한 이미지의 축제가 벌어지는 상상이 즐겁다. 가치는 무한 창조 가능한 고부가 자원이다.

여름 휴가를 떠나기 전까지 우리 부부는 모자에서 또 어떤 세상을 상상하고 즐거워할지 궁금하다. 계곡은 생태계의 보고다. 물가의 절벽에는 다양한 지층과 이끼 낀 돌에 시간의 흔적이 먼 태고의 서사를 담고 있다. 나는 그들이 시간을 무한대로 도식한 죄목을 들어 일단 머그샷을 날릴 것이다. 그리고 서재로 돌아와서 하나하나 분석할 것이다. 도대체 얼마나 어떻게 시간을 결딴냈는지, 그들의 면면을 찬찬히 구석구석 들여다볼 것이다. 그리고 또 물어볼 것이다. 현재 우리가 걸어가는 세상에 대한 감상을.

쓰레기와 오물이 재화와 주요 정보원이 되고, 눈물이 웃음으로 승화되는 상황도 목격했다. 모두 발견의 차이다. 각자의 시선이 머무는 곳에서 스파크가 일면 탄생하는 신천지다. 범인 인증샷에도 신천지가 있었던 게다. 그가 일반적이지 않은 사람이라는 것은 언론 매체를 통해 알고 있었다. 하지만 교포의 가슴에 안겨 나의 일터까지 나들이 올 줄이야. 찌그러진 표정도 개성적이고 고유하다. 구금 직전의 모습을 담아 목돈을 만들고 그 자금으로 이번 대선에도 나가겠다고 만천하에 공개했다.

다소 부정적인 뉘앙스가 있는 머그라는 말은 우리의 방언 중에 '산다구'*라는 표현에 어울릴 듯하다. 주인의 잘못으로 격이 떨어진 얼굴이지만 이 시대의 분위기는 처벌 대상이 머그샷이 아니라 그 대상이다. 나는 즐기는 일과 선택해야 하는 일의 관계가 모호할 때 경계를 명확하게 하는 일에 미숙한 사람이다. 그러기에 '머그 트럼프'를 안고 온 명쾌하고 합리적인 그녀의 태도가 더욱 유쾌하다.

(2024. 6. 29.)

* 산다구: 얼굴의 경상도 방언.

수선화

수선화의 계절이다. 맑고 고운 자태 앞에 서면 누구라도 꽃의 품격에 감탄하지 않을 수 없다. 물관과 체관은 부부처럼 에너지를 모으고 골고루 나누어 가족을 건사하듯 건강한 녹새 잎과 샛노란 꽃잎을 이루어 봄볕 아래 내놓는다. 김 선생은 수선화가 참으로 우아하다고 칭송을 아끼지 않는다. 꽃이든 사람이든 기품 있고 아름다우면 닮고 싶은 것이 인지상정이다.

한때 우연히 만난 생면부지의 육십 대 여인에게서 삼월에 핀 수선화의 기품을 엿본 적이 있다. 이 인연은 '얼굴'이란 글제를 얻는 계기가 되고 수필가로 첫걸음을 하게 되었다. 그녀의 얼굴에는 수선화의 화관에 퍼진 잎맥처럼 심상이 곱게 드러나 있었다. 나는 단박에 매료되었고 그 후 세상과 사물이 품고 있는 내밀한 서사와 매력에 반해 끝내 글쟁이가 되었다.

모든 꽃의 관상은 바라보는 이의 마음밭을 따뜻하게 데우고 환하게 밝히는 힘을 지니고 있다. 그중에 수선화가 으뜸이 아닌가 싶다. 그녀를 만났을 때 설레던 마음이 아직도 생생하게 가슴속 한곳에 바래지 않은 현재로 남아 있다. 생각할수록 고맙고 행복한 순간이었다.

그녀를 본 후 거처 여기저기에 방울수선의 영토는 해마다 늘어났다. 이른봄 해가 돋는 아침 정원과 산책로에서 황금빛으로 단장한 이 친구들과 우정을 나누는 일은 선물 같다. 여기까지라면 평화로운 순간은 더 이어질 수 있겠지만 나의 욕심은 집 주변이 온통 수선화로 넘실거리는 삼월을 꿈꾸었다. 이곳저곳으로 알뿌리를 해마다 옮겨심기만 하면 환상적인 봄맞이가 가능할 줄 알았는데 그게 아니었다.

스텝 지역의 건기 같은 갈증이 가득한 도시 생활 때문에 심리적 노마드로 살던 내가 어느 해 스스로 산마을로 들어왔듯이 식물도 지리에 민감했다. 손바닥만 한 거처의 여분 공간에 마음 따라 방울수선을 옮겨심었더니 낯가림을 했다. 수분이 부족하고 척박한 자작나무 아래 심은 것은 이태나 지나도 겨우 손가락 한 마디 정도다. 그러함에도 눈부시게 고운 얼굴로 삼월에 꽃잔치를 열어주었다. 하지만 유난히 돌출된 듯 보이는 부화관의 아름다운 자태가 오히려 안쓰럽다. 갑자기 뜻밖의 환경을 맞아 무기력한 시간을 보냈을지도 모른다고 생각하니 눈물이 나게 미안했다.

생존 환경이 좋은 곳은 인간만이 탐하는 것이 아니라 모든 생명의 본능이다. 두 사람이 사는 넓지 않은 공간이지만 이곳에 존재하는 생명체들에게도 욕심나는 곳과 배척하고 싶은 곳이 있을 것이다. 식물에 따라 뿌리 내리고 가지 뻗고 싶은 곳이 다르기 때문이다. 그들의 천이를 방해하지 않든지, 만약 사람이 간섭하고 싶다면 최소한 그들의 생리를 이해해야 할 일이다. 그럼에도 나는 봄날 자연의 최종 목표인 번식의 화려한 퍼포먼스를 보고 싶었다. 수선화의 황금색 빛나는 욕망의 장관을 상상하며 비어 있는 땅에는 어김없이 이주를 시켰다.

수선의 입장에서는 유배지나 다름없을 일이다. 아무리 생각해도 꽃 지고 잎이 시들해지는 유월이 오면 방울수선의 생에 조금은 간섭해야 할 듯하다. 스스로 그곳을 벗어나기는 쉽지 않을 것 같기 때문이다. 조금 더 습하고 기름지고 따뜻한 곳으로 또 한 번의 이사를 해주어야 도리일 것 같다. 이런 생각조차도 나의 욕심이고 위안의 수단이라는 것을 알기에 민망스럽기도 하다.

하지만 정원 아래 고사리밭의 집단행동을 보니 두렵고 무섭다. 내가 마음대로 귀양 보내듯이 옮겨심은 방울수선처럼 고사리는 수동적이지도 온순하지도 않다는 것을 보았기 때문이다. 넓은 고사리밭의 가운데가 인간의 욕심 끝에 고통으로 숨을 놓아버린 내륙의 어느 분지같이 텅 비어 있다. 산성화된 터전을 버리고 그들은 북쪽의 산기슭으로, 남쪽의 묵정밭으로, 서쪽의 우리 텃밭으로 뿔뿔이 흩어져 이주해버린 것이다. 적극적이고 능동적으로 오로지 본능의 힘으로 완벽하게 서식지를 옮겼다. 무서운 반란이다. 곧 고사리 채취가 시작되는 철인데 헬기장처럼 비어 있다. 신기하게도 동쪽으로는 가지 않았다. 그곳 역시 농약과 비료로 농사를 짓고 있는 농장이다. 식물 또한 지리적 조건에 민감하다는 의미다. 양질의 지질 환경을 찾아 뿌리가 이동한 것은 그들의 숭고한 목표인 생의 완성을 위해서다.

삼사월은 씨앗이 발아하고 꽃봉오리가 터지는 자연의 경이롭고 위대한 기적이 일어나는 계절이다. 그 현상을 눈과 마음에 담아 사람도 아름다운 자연으로 승화된다. 더불어 세상은 맑은 새싹으로 다시 자라기 시작한다. 남녀노소가 모두 새로워지고 아름다워지는 또 다른 처음을 경험한다. 오래전 내가 만났던 육십 대의 여인도 다시 삼월의 수선화가 되는 계절이다. 고운 그녀 덕분에 나는 오십 대에 작가로 새 삶을 시작할 수 있었고 수선화 잎맥의 예술성을 마음에 담을 수 있었다.

자연은 계절의 수레를 타고 단순한 순환을 하는 것이 아니다. 매 순간 창조하며 그 결과물을 세상에 펼친다. 나는 그 기운의 한줄기와 운명 같은 인연으로 지금 방울수선의 이야기를 쓰고 있다. 이미 여든에 이르렀을 그녀는 올봄도 잎맥이 아름다운 수선화의 고매한 화관으로 나의 손끝에서 또 하나의 시작을 하고 있다.

(2023. 4. 7.)

어느 반가사유상

동산의 등성이에 차오르는 아침 기운이 서재 안으로 들어와 나에게 스민다. 이런 순간을 느껴본 지가 오래전 일 같다. 힘이 넘치는 듯한 능선의 모습은 산이 맞고 보낸 서사의 형상이다. 오늘 아침에서야 그 곡절에 마음을 기울인다. 코로나19 때문에 어부지리로 얻은 사흘간의 완벽한 여유 덕분이다.

오르락내리락하는 산행으로 숨이 찬 시간을 사람들은 험한 길 탓이라며 편한 길을 찾아 걷기도 하지만 난삽하고 거친 능선의 매력을 선호하는 사람도 있다. 등산을 즐기지 않지만 고된 산타기를 선호하는 사람들을 조금은 이해할 것 같다. 산과 사람의 행로가 서로 다르지 않으니 산의 고된 역사와 서사에 밀착하여 들숨 날숨으로 교감하는 순간 일체감을 통한 희열을 맛볼 수 있을 것 같아서다.

그 순간 산의 속내도 들을 수 있을 듯하다. '나도 당신처럼 하루하루가 다리 후들거리는 무거운 짐이라오. 하지만 나의 고통 위에 뭇 생명은 뿌리를 내리고, 또다시 새로운 생명을 잉태하며 그 생명들은 나의 고통을 먹고 자란답니다. 이것을 사람들은 역사라고 하더군요.'라며 말이다.

만물은 누구의 밥이거나 누구를 밥으로 삼아 존재한다. 험한 산일수록 서사는 다양하고 사연은 많고도 깊다. 산의 희로애락이 쉽게 읽히지는 않지만 우린 본능적으로 근원이 맞닿아 있다는 것을 느끼고 있는지도 모른다. 울적하고 힘들 때 산행을 좋아하지 않는 사람도 산으로 간다. 하다못해 낮은 앞산이라도 한 바퀴 휙 돌고 온다. 무언의 위로가 있기 때문일 것이다. 사는 일이 한순간도 같지 않다는 것은 행운이다. 그것은 끊임없는 재생의 시간과 다르지 않기 때문이다.

나는 앞산과 닮은 점이 많은 이웃과 종종 산책을 한다. 비슷한 연배라 동질감을 느끼는 듯 때로는 꽤 개인적인 이야기를 할 때가 있다. "지가요, 고민이 있심더." 그 고민이라는 것이 장성하여 출가한 자식들이 이제는 좀 웃으면서 살라는 말이란다. 사실 자신은 웃고 있는데 우는 것처럼 보인단다. "지 얼굴이요, 평생 슬퍼하고 걱정하는 표정만 지어서 근육이 그렇게 굳어진 기라요." 유독 딸이 엄마의 표정에 관심이 많다고 했다. 웃으려고 하면 더욱 기괴한 모습이 되어 딸의 말이 길어진다는 것이다. 이럴 때는 웃는 일을 잊어버린 자신의 얼굴 근육이 가여워 슬프다고 했다.

가난한 집안의 맏이로 사는 일이 지긋지긋해 도망치듯 결혼을 했는데 그곳 역시 형제가 많은 집안의 맏며느리에 인물값 하는 남편이 사업까지 하더란다. "여우를 피해 갔더니 범을 만난 기지요." 그녀의 손은 중견기업의 안주인이라고 상상하기 어려울 정도로 땅 위로 노출된 소나무 뿌리를 닮아 있었다. 말씨와 몸의 자세는 늘 공손하여 얼굴조차 바로 볼 기회가 별로 없을 정도다. 그녀는 아직도 바쁘지만 별로 하는 일이 없는 사람인 듯 '언제든지 말씀하시소.'가 무척 자연스럽다. 이미 큰 산이 되어 있는 것도 모른 채 자신을 내놓는다.

"웃고 있는데도 아~들이 자꾸 웃으라고 해서 골이 나서 마, 나는 생긴 대로 살란다 캐심더." 그녀는 이미 온갖 생명을 기른 산등성이가 되어 있었다. 웃음과 울음을 구분하는 근육의 움직임이 별 의미를 갖지 못할 듯하다. 그녀는 재가불자이며 일상이 걸림이 없는 사람이다. 그럼에도 자식들의 무거운 마음을 헤아려 자신의 겉모습을 고민하고 있었던 것 같다. 그런 심성이 생명을 기르는 자애로운 모성일 것이다.

낙엽 진 앞산과 너무도 닮은 그녀가 험한 세월 앞에 섰을 때 이존당以存堂*에 숨은 장중거의 인생은 닮지 않겠다는 굳은 다짐이라도 한 것인가 싶다. 세상의 모든 문제는 본질을 외면하는 것에서 시작된다. 하지만 그 본질을 읽고 바른길로 가는 일이 때로는 인간 본능의 한 가지를 잊어버려야 할 만큼 버겁다. 이 말은 경천동지驚天動地할 삶이라 해도 주어진 몫을 살아내야 한다는 말일 듯하다. 그래서 그녀는 본인은 자각하지도 못한 사이 자신의 희생을 통해 자기 세계를 구축하면서 동시에 주변의 많은 생명을 길렀을 것이다. 나 역시 누구의 산일 게다. 부모님 덕분에 부실하지만 오만 가지의 서사를 품고 지금에 이르렀다. 앞산에서 보잘것없는 내 모습을 본 듯한데 지난 가을 산책길에 대화하던 그녀의 모습이 겹쳐졌다.

얼마 전 모 일간지에 국립중앙박물관에서 반가사유상 국보 78호와 국보 83호를 상시 관람할 수 있게 된다는 기사를 봤다. 그중에 국보 83호는 석가모니가 태자 시절 생로병사에 대해 고뇌하던 모습이란 설도 있다. 사람이라면 피해 갈 수 없는 생의 여정에 부여되는 화두이다. 반가사유상을 볼 때마다 고뇌에 찬 모습을 읽으려는 내 마음과의 거리는 천리만리인 듯

* 이존당以存堂: 장중거란 사람이 자신의 방탕한 생활을 사람들로부터 비난받자 '以存堂'이란 편액을 붙이고 숨어 살았다. 문제의 본질을 간과한 아둔한 행위를 꼬집는 말이다.

아득하기만 했다. 떨쳐버릴 수 없던 오묘한 그 이미지를 웃어도 우는 것처럼 보인다는 그녀의 미소에서 발견할 줄이야.

설 연휴 마지막 날 오후, 자동차 두어 대가 지나가는 소리가 들린다. 가슴에 잔잔한 파문이 일더니 코끝이 찡하다. 분명 그녀는 차 꽁무니가 보이지 않을 때까지 대문 밖에서 일생이 버무려진 오묘한 그 미소를 짓고 있을 것이다. "여사님, 당신의 미소는 반가사유상에서나 볼 수 있을 법한 우리가 찾던 미소가 아닐는지요."

이존당以存堂 편액이라도 건 듯 산속 살이를 한 지 십여 년이 되었다. 생사의 산 만들기를 반복하며 서서히 소멸해 가는 여정이 삶이라는 것을 깨달은 시간이다. 뜻하지 않게 이웃 여인의 미소에서 이 사실을 배우게 되니 나의 엄살이 민망하기 이를 데 없다.

(2021. 2. 22.)

웬수

말을 잘하는 사람이 부럽다. 거기에다 말과 행동이 일치할 때는 외모가 좀 빠져도 내 눈에는 최고의 인물로 보인다. 그런데 외모까지 준수하고 똑똑하니 자연스럽게 보통사람은 꿈도 못 꿀 기회를 잡게 된다. 이런 사람이 흔하지는 않지만 가끔 있기도 하다. 요즘 세간을 달구고 있는 청문회의 검증이 필요한 고위 공직자 중 한 사람이 지금까지는 대한민국 최고의 남자였던 것 같다. 대통령도 그렇게 봐 온 모양이다. 그가 장관 후보로 지명되자 그의 흠결로 인해 나라가 뒤집어질 것 같은 상황에서도 놓아주지 않는 걸 보면.

허물은 낮은 곳에서는 잘 드러나지 않다가도 높이 들어 올려놓고 보면 죄다 보이는 법이다. 대한민국 국회의 청문회를 무사히 통과하는 일은 낙타가 바늘구멍을 통과하는 것보다 어려울 정도로 검증 기준이 까다로워졌다. 그에 따라 후보자도 빈틈없는 준비를 한다. 그리고 맷집 또한 대단하다. 청문회 과정을 보면 도저히 살아남을 수 없을 것 같은데 임명권자의 한마디에 그토록 많던 의문은 순식간에 수면 아래로 가라앉아버린다. 그 사람의 능력은 그 흠결을 덮고도 남음이 있다는 의미인 임명장을 수여해 버린다. 국민은 황당해하며 허탈감에 빠지기도 한다. 그럼에도 우리는 임명권자의 그와 같은 권한이 고유한 것이기에 어쩔 수 없이 존중하지만 무면허 운전자의 차에 함께 오른 듯 불안한 경험을 하기도 한다.

이번은 양상이 좀 다르다. 그의 흠결은 끝이 없다. 지금까지 보아온 후보 중에 단연 선두가 아닐까 싶다. 나는 정치적인 시각에서 성토를 하고자 하는 것이 아니다. 후보자도 우리와 같은 부모라는 공통분모를 가지고 있어 일견 동병상련의 정을 느끼면서 부모의 역할에 대해 생각해보고 싶어서다. 오죽하면 정치구단이라고 하는 모 의원이 "부모에게는 자식이 웬수고, 대통령에게는 측근이 웬수다."라고 했을까.

며칠 사이에 "자식은 부모의 역린"이란 말이 언론을 도배하고 있다. 후보자의 자녀가 제도권 내에서 정상적으로는 얻기 어려운 교육의 기회를 획득했기 때문이다. 이런 현실에 보통 사람들이 공분하는 이유는 교육은 그들이 신분 상승을 할 수 있는 합법적인 유일한 사다리로 여기는 까닭이다. 그런데 지금의 상황은 마치 누군가가 헬기를 타고 올라가서 사다리를 치워버린 형국이기에 상실감을 느낄 것이다.

지금처럼 나라 안이 공분의 도가니가 될 때는 심각한 피해를 입는 쪽은 모순되게도 정작 후보자의 딸이라고 생각된다. 여론에 떠도는 그의 자녀에 관계되는 의심점은 학위논문 제1저자의 허위, 표창장 위조, 명분 없는 과도한 장학금 수령 등이다. 성적이 늘 하위권에 맴돌았으며, 실제 유급 처리된 경우도 몇 번 있었을 정도라고 한다. 이 정도 되면 그 젊은이는 주도적으로 자신의 인생을 선택하고 결정할 수 있는 기회를 박탈당한 지 오래되었을지도 모른다. 잘나가는 부모의 장식품으로 전락해버렸을 수도 있을 것이다.

후보자는 탁월한 언변을 가지고 있다. "용이 되어 구름 위로 오르지 않아도 개천에서 붕어, 가재, 개구리로 행복한 세상을 만들어 살면 된다."는 어록을 남겼다. 이처럼 후보자는 이중적인 잣대로 자식에게는 용의 탈을 씌워 헬기로 승천시키는 고문을 하고, 보통사람의 자녀들에게는 분수에 적응하라는 하층민 의식을 고착화하려는 듯한 말을 하고 있다.

사람은 저마다의 특성을 살린 삶을 살 때 빛이 난다. 후보자의 자녀는 부모의 욕심 때문에 상상할 수 없을 만큼 끔찍한 국민들의 원성 속에서 상처를 받고 있다. 어쩌면 이미 상식적인 삶을 잊어버렸는지도 모른다. 공연히 자식이 부모의 '웬수'가

되는 것은 아닐 것이다. 이처럼 무모한 부모의 욕심이 불행의 늪으로 끌고 가기 때문에 은혜로운 관계가 될 수 없을 것이다. 인간은 불행의 기운이 다가올 때 반사적으로 밀어낸다.

우리는 가장 가까운 사람들에게 사랑이란 이름으로 자신의 욕심을 밀어넣고 강요하고 강제하여 상대방 인생의 흐름을 엉뚱한 곳으로 돌려놓고 있는지도 모른다. 웬수는 원수의 사투리다. 본래는 자신이나 자기 집에 해를 입혀 원한이 맺히게 된 사람이나 집단이란 의미를 가지고 있다. 그러니까 대개 가족보다는 거리가 먼 대상이 해를 입히는 경우가 많다는 느낌을 주는 말이다. 하지만 요즘은 가까운 사이일수록 '웬수'의 조건을 갖춘 사람이 많은 것 같다.

이번에는 특히 젊은 사람들이 존경하던 스승의 이중성에 대해 실망하고 상처를 많이 받았을 것이다. 지식과 말이 그의 경박함 이중성 때문에 세상의 소중한 가치에 상흔을 남겼다. 오늘의 소용돌이 근원이 후보자에게 있다면 그는 자신의 부덕함에 고개를 숙여야 할 것이다. 그의 모교이며 직장인 대학교의 교정에는 후배이고 제자인 젊은이들이 촛불을 들었다. '웬수 같은 선배님, 스승님 당신이 부끄럽습니다.'

자녀의 일로 학자들과 관계자들을 엮어 졸지에 웬수로 만든 후보자는 아직도 남은 힘으로 무엇을 도모하려는 듯 헛짓에 몰두하고 있다. 우리에게도 역린이 있다. 내 자식이 따야 할

과실果實을 다른 이가 가로챈다면 지금처럼 또 분개할 것이다.

세간의 다른 목소리처럼 그것이 '가짜뉴스'라면 얼마나 좋을까. 국민 모두가 어쩌다 웬수의 그물에 엮여 백척간두에 선 듯한 조국祖國 앞에 나날이 민망하다.

(2019. 8. 25.)

고사리 소작농

정원 아래에 이웃의 고사리 농장이 있다. 일반적인 농작물과는 달리 이른 봄에 새순을 거두고, 지각한 순들은 남아서 녹색의 여름 들판을 만든다. 고사리가 텃밭머리 쪽 빈터로 넘어오기 시작한 것은 삼 년 전부터다. 처음에는 눈치채지 못한 채 늙어버린 몇 포기를 보고서 그들의 이동이 시작된 것을 알았다. 이듬해는 실하게 열 포기 정도 올라와 산초잎과 달래를 함께 넣고 된장찌개를 끓였다. 성찬의 고명이 되어 봄날 향기로운 저녁 식사의 추억을 선물해 주었다.

뜻하지 않게 상수리나무 아래 한 평 정도의 고사리밭을 갖게 된 나는 경사지에 돌계단을 만들어 짬이 날 때마다 오르내리며 그들과 새로운 관계에 빠졌다. 쉬는 날은 하루에도 몇 번이나 내려가서 주변을 살피는데 그곳은 어느새 나만의 공간이 되었다. 전에 보이지 않던 식물이 매해 빈 곳을 채우고, 곤충과 새, 고라니까지 아래 농장으로 빈번하게 드나드는 통로이면서 그들이 잠시 머무는 광장인 것 같아 강한 호기심 속에 시간을 보내게 되었다.

가끔 듬직한 상수리나무에 기대어 새로 생긴 고사리밭을 감상한다는 것은 생각지도 못한 호사다. 자연이 이루는 공간은 사람의 셈법이 배제되고, 그야말로 걸림이 없는 사유의 장소다. 딱새가 나무창고의 구석진 곳을 드나들며 알을 품고, 새끼 치는 일을 보았다. 집을 마련하는 오색딱따구리의 순발력 넘치는 건축술에도 탄복했다. 나무와 풀은 잎의 모양과 크기, 두께에 따라 다른 모습으로 바람을 맞이하고, 비가 오면 춤을 추었다. 이렇듯 고사리가 이주한 작은 자투리땅은 자연도서관이며, 공연장이었다.

주인이 불분명한 땅에 내가 먼저 깃발을 꽂아두고 다양한 느낌을 즐기는 일은 즐겁고 행복했다. 소유에 대한 부담이 없을 때 인간은 담박할 수 있는 것 같다. 처음 이곳으로 들어왔을 때 이웃이 필사해준 안도현의 시 〈나뭇잎 하나〉가 떠올랐다. 벌레 먹은 나뭇잎에 투영된 현대인의 엉성한 삶이 바로 나의 모습인 듯했다. 하지만 치열했던 시간은 가고 소소한 일상 속으로 들어온 지금의 작은 변화는 나의 기쁨을 더 선명하게 하는지도 모르겠다.

미상의 고사리밭 때문에 누리는 안분지족의 즐거움은 인간의 소유 본능과는 얼마나 모순된 심상인가. 이게 뭘까? 호접몽에 든 듯한데 갑자기 "뭐하시능교?" 하는 소리에 놀라서 돌아보니 고사리 농장 주인이다. 몇 번 인기척을 한 모양이다. "아, 네에. 볕이 좋아서요." 한잠에 빠졌다 나온 사람처럼 더듬거리며 인사를 건넸다. 사실 볕이 좋았다. 봄이 무르익을 때쯤 숲속으로 들어온 햇빛은 맑고 따사롭고 고결한 연두빛이라 반하긴 했다. "여기 고사리는 사모님 뜯어 잡수소. 그리고 저 꿀밤나무는 비뿌고요." 순식간에 일어난 일이다. 나는 몽상에서 빠져나왔다.

고사리 농장에서 건너온 고사리 2세는 소유주가 있었던 것이다. 그 주인은 우리 부부에게 '온정을 베풀어 앞으로 채취권을 주노라.' 하는 윤허의 말씀 같은 뉘앙스를 남겼다. 또 고사리의 생존환경을 위해 수십 년 된 상수리나무를 베어버리라는 엄명 같은 말도 곁들였다. 일단 대답이나 어떤 말도 하지 않았다. 나는 제도권 내에서 잘 훈련된 호모 사피엔스가 아닌가. 그러나 말의 행간까지 계산하느라 시간을 썼다. 가장 정답에 가까운 말을 찾아야 하는데 쉽지 않았다.

어쩌면 그의 당당함이 당연한 것인지 모른다. 개척자의 프리미엄 의식 아닐까 싶다. 산골에서 자신이 일군 땅의 주변은 당신 권리의 그림자까지도 소유권이 있다는 의식 같은 것 말이다. 고사리의 자발적 이주를 고정불변의 지분이 있는 자식이 품안을 떠난 것 정도로 해석하는 것 같기도 하다. 그리고 잠시도 망설이지 않고 수십 년 된 상수리나무를 베어버리라는 말은 철저히 적자생존의 논리가 체화되어 나오는 말처럼 자연스러워 나는 침묵하고 말았다.

이쯤 되자 나도 몰랐던 현실적인 나의 모습이 구체화되기 시작했다. 한 평짜리 고사리밭을 임대라도 한 듯 일단 기가 꺾였다. 아무리 궁리를 해도 고사리의 친정은 고사리 농장이며 상수리나무와의 친밀도마저도 내가 더 떨어질 것 같았다. 그 남자는 우쭐하는 기운이 만면에 가득해 돌아서면서까지 고사리밭 권리를 윤허하는 기세다.

잠시 문명이 부재하는 별에 정착의 지격을 잃은 느낌을 고스란히 안고 혼자 슬며시 헛웃음을 지었다. 이주한 고사리 2세 덕분에 알게 된 것인데 제도권 내에서 발생한 권리의 힘과 산마을에서 자연적으로 발생한 권리가 갖는 힘은 달랐다. 그것은 권리의 속성부터 다르다. 전자는 냉정한 강제성이라면 후자는 따뜻한 정과 걱정, 배려가 있었다. 그의 모순된 권리에 대한 이해를 내가 어려워했던 이유이기도 하다. 설사 산기슭에 붙어 있는 한 평의 실제 소유주는 고사리 농장 주인이라 해도 그 정도는 이웃이 사용해도 좋다고 생각하는 것이 미래를 계획하고 실천하는 일만큼 불확실한 것이 있을까 싶다. 지금까지 삶에 대한 수많은 궁리와 계획을 반복하고 있지만 실천하는 일과 결과에는 종종 의외성이 있었고 행과 불행이 내 의지를 넘어설 때도 있었다. 요즘처럼 각박한 세상에 '이웃이란 이유'가 소작료가 되어 뜬금없이 고사리 농장 소작농이 된 것만 봐도 그러하지 않은가.

내가 소작농의 자세에서 벗어나려 애를 써도 그 남자만 보면 예전보다 인사말이 공손해진다. 철삿줄처럼 마른 고사리를 물에 불릴 때도 '덕분에 잘 먹겠다.'라는 말이 입속에서 굴러다닌다. 자본주의는 늘 나를 이익에 고개 숙이게 훈련시켰다. 하지만 고사리 2세의 천이를 보았으니 자연의 섭리에 더욱 공손해질 것 같다.

그러기에 "꿀밤나무 비뿌소."는 동조할 수가 없다. 나는 여전히 '꿀밤나무' 편이다. 소작농이지만 산자락의 식구 중 하나인 나의 중요한 권리다.

(2022. 7. 2.)

제9부

덫

최근 들어 생명이나 삶과 관련된 잠언집을 자주 보게 된다. 읽어야 할 목적이나 계획이 있었던 것은 아니지만 며칠 전의 일로 무심결에 평정심이나 위안을 얻으려는 심리가 작용한 것 같다.

특별한 기억이 된 그날, 자정 가까운 시간에 나는 밤 산책을 했다. 둥근 쟁반처럼 얼굴을 치켜들고 별을 보았다. 세상의 청정한 기운을 온몸으로 받으며 한참을 걷다가 벤치에 앉았다. 자연의 소리는 어둠의 표면으로 물위의 뱀처럼 흐르고, 빛은 고독한 성자의 걸음을 하고 있었다. 은은한 초목의 향기 중 밤꽃향은 유난스러웠지만, 이들도 나처럼 고독하고, 외로운 시간에 자유를 느끼는 듯 고요하면서 걸림이 없었다.

그때 정적을 흔드는 소리가 들렸다. 조용히 흐르던 밤의 소리는 순간 곤두박질쳤다. 어둠의 저편에서 공포에 찬 생사의 경계가 번득였다. 산기슭의 수풀이 우거진 습지에서 고라니가 곤경에 처한 듯했다. 새끼를 부르거나 짝을 그리워하는 소리가 아니었다. 절박한 생존 본능으로 채워진 도움을 요청하는 절규다. 녀석이 무엇인가 크게 위협을 당하고 있는 모양이다. 용기, 본능, 절망의 심리가 혼재된 몸부림의 소리가 반복해서 들려왔다.

고라니는 생태계에서 보호종이지만 호랑이나 사자 등 상위 포식자가 사라진 우리나라에서는 개체수가 너무 많아 유해 야생동물로 분류될 정도로 농작물에 피해도 준다. 산간 지역의 농장 주변은 대개 펜스가 쳐질 정도로 그들의 잦은 출몰로 농민들은 곤란을 겪고 있다. 이는 고라니의 생존환경 또한 나빠지고 있다는 의미이기도 하다. 이와 같은 생태계의 변화는 모순되게도 인간이 고라니의 천적이 아닌 천적이 되어가는 상황이 된 것이다.

농장 주변에 두른 울타리의 의미가 무색할 만큼 집요한 녀석들의 농작물 훼손은 올무를 설치하는 빌미가 되었다. 몇 해 전 새와 주변 숲속을 관찰하다 올무를 발견한 적이 있다. 그뿐만 아니라 이른 봄의 사스래나무에는 수액을 뽑느라 호스와 비닐 물주머니가 링거처럼 매달려 있는 것도 보았다. 숲속은 자연끼리만 생존 경쟁을 하는 것이 아니라 인간의 탐욕도 끼

덫

어 있었다. 고라니의 변고도 그 연장선에 있었다고 생각된다.

모든 생명체는 싸움의 결과가 정해져 있다 하더라도 자신의 생명을 지키기 위해 치열하게 싸우다 죽음을 맞이할 권리가 있다. 하지만 죽음 앞에서 옴짝달싹하지 못하고 수수방관할 수밖에 없는 억울한 싸움도 있다. 그것은 덫에 걸리는 일일 게다. 긴 시간 죽음의 공포에 시달리다 무릎을 꿇는 일은 생명의 주체자로서 가장 무기력한 일이다.

인간이 개발한 덫에는 지혜와 교활함의 의미가 공존한다. 그러나 부정적인 뉘앙스가 더 넓게 퍼져 있다. 고라니의 올무도 다른 생명체의 생명권을 위협하는 간교함이 내포된 물건이다. 심지어 올가미를 사용하면 불법적인 수렵으로 처벌까지 받는다.

그날 밤 내가 잠들기 전까지 녀석의 가망 없는 투쟁의 소리는 이어졌고 인간의 묵시적인 살상 행위로 녀석의 운명은 엉뚱하게 정해지고 말았다. 잠깐 눈을 붙이자마자 잠에서 깼다. 세상에 더할 수 없이 평온한 아침이 왔다. 새소리는 햇살처럼 반짝였고 초목은 선명하게 푸르렀다. 어디에도 고라니 절규의 흔적은 없었다. 순진하고 성실한 농부의 투박한 손끝에 고라니의 운명이 바뀐 것에 누구도 관심을 두지 않았거니와 알지도 못하는 것 같았다.

사람은 자연만을 대상으로 덫을 치지 않는다. 그 상대가 누구든지 나를 버겁게 하면 심지어 스스로에게도 올가미를 씌운다. 만물의 운명은 코앞에 올 때까지 알 수 없다고 하던가. 평화와 때로는 사랑으로 연막이 쳐진 곳에 숨겨진 것이 불운이라면 그보다 불행할 수 없다. 그 주체와 객체가 인간일 때 사회는 더 심한 몸살을 앓는다.

최근 충격적인 뉴스가 있었다. 전남 완도군 신지도 송곡 선착장 인근 바닷속에 일가족 세 사람이 탄 차가 가라앉았다는 기사다. 더욱 놀라운 일은 열 살 된 어린 딸이 부모와 함께 시신이 된 사실이다. 그 가족은 표면적으로는 제주도로 한 달 살이를 떠난 것이었다. 그러나 완도에서 주검으로 발견된 것은 우리 사회와 구성원들의 삶이 얼마나 불안전한지를 말해주고 있다. 외롭고 고독한 선택을 할 수밖에 없었던 것은 나약한 인간이 죽음이라는 올가미의 유혹에 쉽게 넘어갔다고만 할 수 있을까. 올무가 문제가 되는 것은 그 물건의 저변에 깔린 인간의 이기적인 심리 때문이다.

그들은 무연고자가 아님에도 영정조차 없이 외롭게 장례가 치러졌다고 한다. 이런 상황이라면 복잡하지만 고독한 섬이 된 삶을 감당하지 못해 두려움 속에서 자폭한 일일 수도 있을 듯싶다. 그러나 어떤 상황에서도 타자의 생명권은 함부로 할 수 없다. 함께 유명을 달리한 아이의 생명권은 본인마저도 함부로 할 수 없는 고유한 권리다. 그럼에도 부모라는 이유로 스

덫

스로 지킬 기회마저 빼앗아버렸다. 아이는 자신에게 부여된 삶을 위해 생명의 주체자로서 저항도 해보지 못한 채 죽음 앞에 무릎을 꿇고 말았다.

고라니가 떠난 맑은 아침처럼 어린 영혼이 잠든 바다의 아침은 희망과 평화를 안고 능청스럽게 또 올 것이다. 선착장은 아무 일 없었던 것처럼 뭇사람들이 모여들어 시끌벅적한 가운데 덫은 교활한 여우 눈으로 여전히 세상을 곁눈질할 것이다. 그 틈바구니에서 하루가 온전할 수 있는 것은 인간에게 아직 측은지심이 남아 있는 덕이라고 믿고 싶다.

(2022. 6. 21.)

먼지

서재로 올라가는 작은 계단에 앉아 카렐 차페크의 산문을 읽다가 졸았다. 평일 오전 열한 시경인데 말이다. 평소라면 일터에서 하루 중 가장 바쁘게 움직일 시간이다. 졸음이 올 만큼 마음이 이완된 것은 나를 누르고 있던 시간이 여유를 주었기 때문이다. 할 일이 쌓여 있어도 상관없다. 뜻밖에 주어진 일주일이 마음에 깃털을 달아준 듯하다. 코로나바이러스에 감염되어 격리 중인 나의 심리 상태다.

기다린 적 없는데도 꼬박 3년이나 걸려 찾아왔다. 이틀 정도 격렬하게 싸운 뒤 녀석은 퇴각 준비를, 나는 일상회복을 위해 상황을 추스르고 있다. 집이라는 한정된 공간에서지만 자율성이 보장된 닷새를 마음껏 사용해보기로 했다.

첫날은 실내 계단에 쪼그리고 앉아 책을 읽다가 오후엔 서쪽 창을 통해 지는 해의 행로를 보며 시간을 보냈다. 나의 독서 행태 중 하나인데 좁은 계단에 앉아 책장을 넘기면 몰입도와 상상력을 평소보다 끌어올릴 수 있어 가끔 즐긴다. 무엇보다 주변의 방해를 받지 않고 생각할 수 있는 환경에 놓여 있다는 사실이 좋다. 서재로 올라가는 계단의 주요 목적은 주거 공간에서 독서와 글쓰기 장소로의 이동이다. 뜻밖에도 여름엔 서쪽 창을 통해 골바람이 들어와 그곳에서 책장을 넘기는 맛이 일품이라는 것도 깨닫게 되었다. 겨울에는 오후에 스며드는 볕이 왼쪽 머리와 볼을 따끈하게 데울 때 우주적인 기운도 경험한다.

이처럼 특별한 기회를 가져다준 주체가 3년간 지구촌을 혼란에 빠뜨린 코로나바이러스다. 지금도 세상은 초긴장 상태다. 중국에서는 사망자 운구 차량이 화장을 위해 닷새 이상을 대기하는 모습이 언론에 등장하고 있다. 인간의 삶이란 얼마나 위대한가. 이와 같은 혼란의 틈바구니에서 무풍지대를 찾아내고 생을 영위하고 역사를 이루고 있으니 말이다. 나 역시 이 난리 통에 망중한을 경험하고 있다. 계단 구석진 곳이 제집인 듯 모여 있는 먼지 뭉치처럼.

인류사 중에 어느 한순간도 완전한 평화는 없었다. 그중에 인간의 생명을 향해 집단 충격을 가하는 감염병은 무자비했지만 인류는 살아남았다. 때로는 눈으로 볼 수 없는 티끌처럼 불안전하게, 어느 때는 한 덩어리가 되어 보이지 않는 구석진 곳에서 생존의 자치구를 구축하는 먼지들처럼 견딘다. 그러다 어느 순간 맹렬한 역공을 하며 존재의 끈을 이어왔다. 나도 며칠째 생존의 틈을 관찰하며 먼지처럼 참아내는 중이다.

크기와 상관없이 사람들은 발로 차기도 하고 손으로 털기도 하며 자꾸만 밀어내는 먼지. 사라진 것도 도망간 것도 아니고 생존의 조건이 허락하는 곳으로 모여들었을 뿐이다. 곁에 쭈그리고 앉아있자니 저들만의 방식으로 뭉친 먼지들에게 나는 동병상련의 정을 느낀다.

코로나바이러스가 지구라는 생명체의 티끌 중 하나라면 나 역시 내 눈앞에 있는 저 덩어리의 본체 중 하나가 아닌가. 내 숨결과 몸의 각질, 의복, 음식, 책과 배설물, 기쁨과 슬픔의 눈물, 사랑과 분노, 위로하는 말의 입자들이 모인 뭉치가 나의 또 다른 모습일 것이다. 격리 기간 중 발견한 나의 분신이자 친구다.

혼자 식탁 앞에 앉아 점심을 먹으려는데 식탁 아래서 기척을 하는 느낌에 내려다본다. 탁자 다리와 벽 사이에 먼지가 터를 잡고 있다. 며칠을 그냥 두고 볼 생각이다. 우리 부부가 먹은 음식과 서로 나눈 이야기, 가끔 아들이 내려오면 가득했던 웃음소리를 품은 알갱이의 뭉치일 터. 내 요리 솜씨와 우리 가족의 식습관과 성향을 모조리 꿰고 있을 것이다. 특히 내 발길의 매운맛까지 알고 있을 것이다. 목욕탕과 다용도실, 현관과 창고, 정원과 산책로, 심지어 자동차와 보일러실 등 어디에나 있는 내 흔적과 우리 가족의 내밀한 삶도 그들은 알고 있다.

여기에까지 생각이 이르자 결혼 전날 밤에 친정어머니가 일러주던 말이 떠오른다. "화야, 시어른과 남편은 니가 부엌에서 어떻게 음식을 만들어 올려도 먹을 끼다. 혼자 있을 때 누가 보는 거보다 더 진실하게 음식을 만들고 일을 하거라. 사람이 안 본다고 함부로 하면 그 사람은 끝인 기라." 누가 보지 않는 세상은 없으며 진실한 행동은 티끌 앞에서도 당당할 수 있다는 말씀의 의미가 새삼 선명하다.

인간은 배타적 특성이 강한 생명체다. 감자 한 알을 이웃과 나누며 "이것 우리가 재배한 감자인데 좀 드셔 보세요."라고 한다. '우리 것, 내 것'을 강조한다. 하지만 먼지는 본래 내 것이고 우리 것이지만 나와 무관한 것으로 여긴다. 지난 늦가을에 이웃에 몇 뿌리 선물한 달리아에는 이미 나의 먼지가 묻어 있었음에도 먼지는 쏙 빼고 달리아만 내 것인 양 했다.

어쩌면 코로나의 광란이 오롯이 그 녀석들만의 횡포겠는가. 근원을 따라가면 탁자 아래의 먼지 뭉치와 계단 귀퉁이에서 나를 물끄러미 보고 있는 티끌과 모두 동근同根이란 것은 부정할 수 없는 일이라 여겨진다. 누가 보지 않아도 진실한 인류의 생각이 세상을 지배했다면 지구의 참혹한 혼란은 적었을지도 모른다.

끊임없이 반복되는 인간의 모순된 행태는 자멸의 순간을 불러와 매번 막다른 지점에서 급하게 정지한다. 그 충격으로 수많은 난관과 위기를 고스란히 받아들여야 하는 벌을 받는다. 어쩌면 원칙 없는 배타적 특성이 부른 결과인지도 모른다. 먼지의 본체가 나이기도 하지만 인정하고 싶지 않은 대상이다. 그러나 집 나간 건달기 있는 피붙이처럼 방관할 수 없는 실체다. 먼지의 행로에 내 시선이 머문 것도 우리의 삶과 불가분의 관계에 있음을 느꼈기 때문이다.

(2022. 12. 27.)

밀리는 계절

출근길이 제법 선선하다. 입추가 지난 지 사흘째다. 언론과 사람들 사이에서는 예년보다 덥다고 야단이다. 나도 덩달아 더위를 더 느끼는 것 같다. 하지만 아주 미세하게 여름은 가을에 밀리기 시작하고 있다. 새벽 4시 30분, 실내 온도는 이틀에 1도쯤 낮아지고 사나흘 지나고는 또 낮아진다. 아니 어느 때는 오히려 더 높아지기도 한다. 숨도 못 쉴 만큼 치열한 교전 상태일 때 시간은 거의 정지 상태인 것 같다. 어쩔 수 없이 새로운 힘에 밀리고야 말 일이지만, 서로 겨루기의 구간을 생략할 수는 없다.

숲이 우거진 산길을 따라 출근할 때는 속속들이 시원한 그 바람에 반하여 라이브로 한 곡 올린다.

"가을이라 가을바람 솔솔 불어오면~~~."

잠시 뒤에 도착한 도시는 여전히 찜통이다. 더위가 냉정하다고 생각하다가 주변을 둘러보면 아무리 바람이라 해도 드나들 길이나 틈이 보이지 않는 고층건물 숲이다. 그 중심에 사람들이 있고, 내가 있다. 절로 유구무언의 겸손한 자세가 된다. 겨루기조차 민망한 상황이 아닌가. 2024년 5월 20일부터 8월 22일 사이 우리나라에서 온열 질환으로 목숨을 잃은 사람이 3,058명이라는 기사를 봤다. '아이구, 어쩌누!'라는 말만 입안에 우물거리다 삼키는 무기력한 인간이다.

문제 해결의 실마리가 보이지 않을 때 갈등을 푸는 방식은 네 탓을 내 탓으로 바꾸면 한결 쉬워진다고 했던가. 내가 잘못하지 않았는데 어떻게 내 탓이라고 할 수 있을까. 존재한다는 사실만으로 갈등 유발의 원인이 된다고 볼 수 있다. 공존의 본질이 그럴진대 기후 온난화로 지구가 불덩이가 되어가고 있다면 어느 누가 감히 누구에게 면죄부를 줄 수 있을까. 그야말로 공업共業인 것이다.

공격을 당하고 상처를 입어도 낮은 자세로 겨루기 방식을 찾아봐야 한다. 사람이 살아가는 일도 바탕이 겸양이라면 지금보다는 숙제가 쉬울 것이다. 나는 가끔 뜬금없이 승부욕이 생길 때가 있다. 그렇다고 승산이 있는 것도 아닐 때는 그 끝이 가관이다. 문제는 냉정을 찾기 전엔 완벽하게 내 생각과 입장이 바르고 우위에 있다고 여긴다는 사실이다. 어떤 결과든

늘 며칠간은 스스로 팔푼이라 생각하며 지낸다.

팔월 초에도 팔푼이의 전조 증상이 있었다. 아들이 휴가라며 내려왔다. 모처럼 가족이 함께 있어서 마음이 느긋했다. 하지만 열다섯 해 동안 냉방기 없이 지내던 거처에 예년과는 비교할 수 없는 더위 때문에 난망한 일이 생겼다. 올해는 유난히 비가 잦아 주변이 젖어 있는 날이 많았다. 거처는 목조 주택이라 보름 가까이 물에 노출되자 데크에 곰팡이가 슬었다. 휴가 중에 그 문제를 해결하려 솔로 닦고 물청소를 하느라 애를 썼다.

아들은 곰팡이 제거제를 사용하면 깨끗해질 거라고 말린다. 내 생각은 좀 달랐다. 집이나 사는 사람이나 시간의 흔적을 무시할 수 없는 세월을 보냈다. 낡고 더러워진 바닥은 닦아서 사는 것이 나에게 더 친숙할 듯하다. 그래서 아들의 걱정을 뭉개면서 청소를 계속하자 어미를 이해하기 힘들다고 했다. 그냥 있어도 더위에 지치는데 하필 가장 더울 때 꼭 해야 하느냐는 것이다.

곰곰이 생각해 보니 내 모습이 입추 속의 여름과 같다. 밀리지 않으려 씨름하는 중이다. 예전이라면 벌써 몇 번이나 쓸고 닦아 곰팡이가 슬 사이가 없었을 것이다. 나도 모르는 사이 이미 여름을 지나 가을에도 밀리는 중이란 것을 알아 버린 것이다. 나머지 시간을 상상하자 아찔한 그림이 펼쳐진다. 이끼와 곰팡이, 백발의 노인이 있는 상상 속 풍경에 좀 놀랐다. 이쯤 되면 말려도 소용없다는 것을 아직 아들은 모르는 것 같다. 제대로 겨루어 보지도 못한 채 아주 불리한 구간에 들어섰다는 사실을 자각하는 순간 옆집 할머니가 생각났다.

몇 달 전 뇌경색으로 고생을 하다 불편한 몸으로 요즘 다시 일을 시작하셨다. 사람들은 그녀의 이런 모습을 보면서 노욕이 무섭다고 했다. 내가 보기엔 그녀는 큰 싸움을 하는 중이다. 팔순이 만만치 않은 나이라는 걸 알고 있다. 여기서 밀리면 본인의 의지와 상관없이 나머지 생의 계획표는 타인에 의해서 운영이 된다는 것을.

밀리는 계절이 길어지는 시대인 것 같다. 요즘 계절의 흐름을 보면, 알베르 카뮈가 찬양한 모든 나뭇잎이 꽃이 되는 아름다운 가을은 순식간에 지나가 버릴 것만 같다. 여름이 길었던 나의 가을 또한 쥐꼬리만 해 곧 겨울을 맞을지도 모른다. 옆집 할머니는 겨울의 사립문을 봤을까? 바늘구멍 같은 틈이라도 보이면 끝장이 난다는 심정으로 버티든 견디든 그 안으로는 들어가고 싶지 않을 것이다.

힘이 줄어들면 밀리는 게 세상의 이치다. 부끄러운 일도 못난 일도 결코 잘못된 일도 아니며 오히려 자연스러운 일이다. 뇌경색을 맞은 것은 늦가을 고운 황국 위로 일찍 내린 간밤의 서리일 뿐이다. 그녀의 행로에 좀 이른 변고가 온 것에 지나지 않는다. 그러니 지인들이여, 그녀의 시간을 존중할지어다. 하루하루 베를 짜듯 스스로 건사하고 감당하는 오롯한 서사를 두고 함부로 평가하지 말라.

누구나 그러하듯 밀리는 계절의 외로움을 받쳐주는 뒷배는 고집이 아닌가. 그녀의 아들은 어머니가 날이 갈수록 고집의 '힘'이 세어진다고 한다. 어머니가 버티는 중이라는 것을 아직 모르나 보다.

나 또한 청소를 말리는 가족들이 서운한 것은 어느새 피할 수 없는 겨루기 구간에 들어섰다는 것을 느꼈기 때문이다. 꽃같이 고운 나의 가을을 위해 정성을 다하고 싶다.

(2024. 8. 10.)

가리개

오랜만에 초가을 비가 흠뻑 내리는 산길로 퇴근하자니 주변의 만물도 나처럼 흡족해하는 표정이 보기 좋다. 숲에서 미어져 나오는 향기는 마법을 걸어오는 듯 그곳에 머물고 싶은 충동에 사로잡히게 했다. 비가 들어오지 않을 만큼 차창을 열어두고 서행을 하자 마음이 이완된다. 이런 날은 들썽한 일상으로 어지러웠던 마음이 오히려 차분히 정돈되어 한적한 산길이 최고의 벗이기도 하다.

하지만 집에 도착해 주방에 들어서자 북쪽 정원에서 딱새의 다급한 소리가 들렸다. 녀석은 요즘 키위나무 위에서 새끼를 치고 있다. 갑자기 비가 많이 내려 도움을 요청하는 모양이다. 남편과 함께 달려가 보니 새끼들이 노박 비를 맞고 있었다. 우선 판자로 비 가리개를 만들어 주었더니 그제야 조용하다. 평소에 경계심이 많던 녀석이 위급한 상황에 도움을 요청하는 걸 보면 훌륭한 어미의 자질이 보인다. 생명체의 모성 본능에 감동한다.

재작년에는 안전한 나무 창고에 새끼 칠 준비를 했으나 올해는 무슨 생각으로 노천에다 산실을 차려서 그렇게 애면글면 하는지. 경험이 없는 산모여서 무성한 키위 잎만을 믿었던 모양이다. 공교롭게도 지난 휴일에 웃자란 줄기를 자르면서 잎이 떨어져 나가 그만 불안전한 산실이 되고 말았다. 그나마 다행인 것은 부엌 쪽으로 와서 도움을 요청할 모성을 가졌다는 것이다. 작은 체구의 생명체지만 모성은 거대한 코끼리 못지않다. 모성의 성분을 분석한다면 마키아벨리의 '군주론'쯤 되지 않을까 싶다. 군주는 백성을 책임지는 일에 있어서 일반적인 기준으로 해석되거나 적용되는 것을 뛰어넘는다. 어떠한 희생도 고려 대상이 될 수 없으며 책임은 무한대다.

모성 본질의 우선은 새끼를 안전하게 양육하는 일이다. 다음날 다행히 비가 그쳤다. 딱새 집 옆에서 바람에 넘어진 화초를 일으키고 있는데, 어미는 부지런히 드나든다. 주변을 경계하며 위협적이던 평소와 달리 조용하다. 가족처럼 이물 없이 들어오고 나가는 게 꼭 식구 같다. 폭우로 인해 우린 도움을 주고받을 수 있다는 신뢰가 생긴 듯하다. 참으로 기쁜 날이다. 이웃 같던 새들이 가족으로 다가온다. 가족 개념이 점점 확장

되고 있다.

산마을의 가족 개념은 좀 다르다. 농사를 지어도 사람만의 것일 수 없다. 벌레와 새, 고라니, 때로는 멧돼지의 몫도 포함이 된다. 사실 그들의 공간에 들어와 살고 있는 만큼 내 것이라 챙기기 시작하면 인간의 삶은 고치 안에 갇히는 형국이 되고 만다. 울타리를 만들고, 그물을 쳐도 녀석들은 살아 남는다. 급기야 농약을 살포하기 시작하면 그 강도는 점점 세어질 것이고, 그런 일에 익숙해지면 결국 인간은 환생할 수 없는 고치가 될 것이다. 자기가 쳐놓은 그물에 갇히는 꼴이 된다.

공존이란 현실 세계에서는 어쩌면 그리 고상하지도 이상적이지도 않는 존재 양식이다. 나누고 배려한다는 전제를 깔고 있기 때문이다. 결국 이성이라는 가리개 속에서 희생과 강탈을 당하는 것이다. 인간의 욕심은 꽤 야만적이고 적당히 잔인하기에 통제가 쉽지 않다.

그러나 드물게 때 묻지 않은 마음으로 가리개를 쳐주는 이도 있다. 세상의 어느 구석엔가 그런 사람도 살고 있다. 오래전 내가 열 살을 갓 넘겼을 때 우리 가족은 뿔뿔이 헤어지는 불운을 겪은 일이 있었다. 그때 오 남매를 한 지붕 아래 모으려 어머니는 잠을 줄이며 먼 곳까지 나가 행상으로 돈을 모아 헌 집 한 채를 사셨다. 목재가 귀하고 비싸 고향의 오래된 친척 집을 사 며칠에 걸쳐 해체한 후, 외가 근처에 땅을 매입하고 손수 집을 지으셨다.

지금 생각해도 여자 혼자의 힘으로 그 일을 했다는 사실이 믿어지지 않는다. 그때 어머니의 심정이 딱새와 같지 않았을까 싶다. 어린 자식들이 남의 집에서 더부살이하는 것이 삭풍 속에 던져놓은 듯 고통스러웠을 것이다. 그러니 당신이 못할 일은 없었을 것이다. 어린 내 눈에도 어머니는 도깨비처럼 보였다. 하지만 혼자서 안 되는 일도 있었다. 그때 고맙게도 가리개를 쳐줄 우군이 나타났다.

가까이 큰외삼촌이 계셨지만 아버지의 무책임을 나무라면서 하나뿐인 여동생임에도 불구하고 어머니를 멀리하고 가족 누구도 도움을 주지 못하게 했다. 그런 외삼촌의 눈을 피해 외사촌 오빠 두 분이 집이 완성될 때까지 힘든 일을 가리지 않고 도와주었다. 초가집이어서 지붕 이을 때 필요한 새끼를 밤새워 꼬고, 새벽에 오리나무를 베어다 울타리를 만들던 기억이 선명하다.

우리 오 남매는 겨울이 오기 전 그해 가을에 작은 툇마루까지 있는 집에서 함께 살게 되었다. 그 뒤에 막냇동생까지 얻어 우리 육 남매는 그 집에서 성장했다. 외사촌오빠는 매해 가을마다 초가지붕을 이어 주었고, 봄에 오리나무 잎이 무성할 때 새나무로 울타리를 만들어 주었다. 물론 아버지는 막냇동생을 선물로 남기고 또다시 방랑길에 오르셨지만, 어머니가 외롭지 않게 외사촌오빠들은 여전히 가리개가 되어 주었다. 덕분에 우리는 학교에 다니며 꿈을 키울 수 있었다.

그토록 안락하고 의지가 되는 가리개를 쳐주었지만, 상노인이 되도록 단 한 번도 당신들의 배려를 입 밖으로 흘린 적이 없다. 무심한 우리 육 남매에게 서운할 법도 한데 만날 때마다 진심으로 용기와 응원을 아끼지 않았던 일이 세월이 흐를수록 감사하다.

가리개의 의미가 상황에 따라 가벼울 수도 있다. 하지만 때로는 그 영향이 필설로 표현할 수 없는 의미와 힘을 가진다. 딱새 어미가 마음 놓고 먹이를 물어 나르듯 오빠들 덕분에 어머니는 안심하고 우리 육 남매를 키웠을 것이다. 이미 많은 시간이 흘렀지만 두 분께 이 글을 바친다

(2024. 9. 18.)

문우의 시선

특별한 휴가 2

김명숙(수필가)

올봄은 우리 모두에게 잔인했던 계절로 기억될 것이다. 나는 현실을 기록으로 남기고자 한다.

코로나19로 인해서 3월 2일 예정이었던 초 · 중 · 고등학교의 개학도 세 차례 연기되었고, 각 사업체나 개인사업자도 잠정 휴업에 들어간 곳이 많다. 그야말로 '안정된 직장'이라고 일컫는 직장만 간신히 돌아가면서 나라의 숨길을 겨우 유지하고 있는 듯하다.

학생을 대상으로 일을 하는 나도 사회 분위기 때문에 학교 개학에 맞춰 시작하려고 손을 놓고 있는 중이다. 평소 늦은 밤까지 동동거리며 일에 치여 살았기 때문에 처음 3월 9일로 개학을 늦춘다는 발표가 났을 때는 상황은 좋지 않으나 한편으로는 특별 휴가를 받은 듯했다. 그러나 2주 더 연기한다는 발표가 났을 때는 슬슬 걱정이 되었다. 세 번째로 4월 6일로 늦춘다고 하자 여러 생각으로 머릿속이 복잡해졌다.

당장 총 6주의 수업 공백이 생겼다. 공교육과 달리 사교육을 하는 입장에서는 수입과도 직결되어 꼬리를 물고 문제가 생기게 되었다. 처음 한 달간은 특별한 휴가를 얻은 셈 치고 어찌어찌해 보면 되겠다고 생각했지만 몇 차례 연기되자 사태가 장기화가 되지 않을까 하는 염려가 된다. 그러나 이번 사태가 개인이 어떻게 해볼 수 있는 사안이 아니므로 해결이 될 때까지 기다리는 수밖에 도리 없다는 점 때문에 무기력해진다.

이미 여기저기에서 걱정과 한숨 소리가 들린다. 경제가 바닥을 치더니 급기야 주식 가격도 폭락하고, 곳곳에서는 이러다 죽겠다며 아우성판이다. 많은 사람이 바깥에 나오지 못하고 하루빨리 이 공포에서 벗어나기를 숨죽이며 기다리고 있다.

경칩이 지나고 춘분도 어느새 지나는데 몇 주째 겨울잠을 자는 곰처럼 가만히 들어앉아 있기 갑갑한 사람이 많을 것이다. 전파되는 질병이라 되도록 사람이 많이 모이는 곳도 피하고 다른 사람과도 거리를 두어야 하기 때문이다. 부득이 나가더라도 마스크는 필수인데, 약국 앞에서 피란민처럼 길게 줄서고, 제 돈 주고도 마음대로 사지 못하는 희한한 일이 벌어지고 있다.

21세기 대한민국에서 일어나는 일이라고 믿을 수 없다. 첨단 기술이 필요한 물건도 아니고 평소에 흔하게 살 수 있었던 마스크다. 그러나 약국 앞에서 몇 시간을 기다려도, 약국을 몇 군데 돌아도 사지 못한 사람들의 목소리가 드높다. 일주일 중 정해진 날에 본인이 신분증을 들고 가야 겨우 두 장을 구할 수 있다. 연로하거나 어린아이의 경우는 등본을 떼어가 가족이라는 것을 확인해야만 살 수 있는 현실이다.

나는 이 사태가 벌어지기 전에 사 두고 쓰던 일회용 마스크로 여러 번 사용하고 있다. 마스크를 사겠다며 약국 앞에 줄 서는 건 차마 못하겠어서 인터넷 구매를 하려 했더니 '개인통관고유부호'를 관세청에서 받아 입력해야만 살 수 있게 되어 있다. 일회용 마스크를 수입해 오고 있다는 뜻 아닌가. 이래저래 언짢기도 하고 관세청에 등록하는 절차도 복잡해서 또 마음을 접었다.

상그러운* 내 마음과 달리 밖에서는 봄이 성큼 다가와 계절의 문턱을 넘는다. 음울한 기운을 털어내듯이 어제는 태화강 대나무숲 공원까지 걸었다. 사방에 봄이 한창이었다. 개나리도 만발했고 벚꽃 망울도 터질 듯 부풀어 올랐으며 진달래도 칙칙하던 숲을 밝히고 있었다. 집 안에서 견디다 못한 신인류 '마스크인'들은 필수품인 마스크를 쓰고 쏟아져 나와 강변길과

---

* 상그럽다: 불편하다 또는 차갑다 라는 뜻이 있는 경상도 사투리이다.

공원을 거닐었다. 이렇게라도 하지 않으면 숨이 막혀 버릴지도 모른다는 몸짓이다. 살아있다는 것을 증명하고 공포와 불안에서 벗어나고자 하는 몸부림일 거라는 생각이 든다. 그래서 태연한 이 봄이 더욱 잔인하다.

보건복지부의 발표에 의하면 3월 22일 현재 확진자는 8,897명이며, 이중 완치된 사람은 2,909명, 아직도 치료 중인 사람은 5,884명이며 사망자는 104명이다. 매일 확진자는 늘고 있다. 과연 끝은 있을까. 2002년에는 사스가, 2009년에는 신종플루가, 2014년에는 에볼라가, 2015년에는 메르스가 인간들을 긴장시켰다. 하나의 전염병을 넘어섰다고 안도하기 무섭게 새로운 전염병이 도는 모양새다. 최재천 교수는 "인간의 다양한 욕구가 다른 동물에게까지 뻗치면서 새로운 질병이 더 잦다."라며 과도한 욕망을 끊을 것을 주문했다.

주제 사라마구의 《눈먼 자들의 도시》에서도 어느 날 갑자기 눈먼 사람들이 늘어나면서 겪게 되는 상황을 실감나게 그리고 있다. 작품 속 인간들은 물질적 소유에 눈이 멀고 인간성조차 잃어버린 장님들이다. 전염을 막기 위해 격리 수용 조치를 내린 냉소적인 정치인들은 사실적이어서 소름이 돋는다. 작가는 "우리가 가지고 있는 것을 잃었을 때에야 가지고 있는 것이 무엇인지를 깨닫게 된다."는 사실을 꼬집는다.

소설 속 세상처럼 현재 숨쉬고 있는 이 세상도 무슨 일이 있었냐는 듯이 겉으로는 큰 문제없어 보인다. 물론 마스크인들답게 대부분 마스크를 쓰고 다니고, 사람들의 발길이 뜸해 거리가 을씨년스러워지는 등의 표면적인 변화는 일시적으로 있지만 말이다. 그러나 겨울의 긴 터널을 빠져나오며 우리는 사상, 이념, 정치, 경제 등의 화두를 두고 몹시도 앓았다. 그 끝에 전염병까지 겹쳐 이러다 세상이 끝나버리는 것은 아닐지 두려움에 떨고 있다.

사흘 전에 낮 동안 계속 강풍이 불었는데, 인근 웅촌 쪽에서 산불까지 나 주민들이 대피하고 차량들로 길이 막혔다고 한다. 대피시설로 많은 이재민이 대피할 경우 코로나 확산의 우려가 있어 지인이나 친척집으로 대피하라고 안내를 했지만 요즘 같은 때는 그마저 눈치가 보이는 일이라 어려움이 있을 듯하다.

여러 환난이 겹쳐 더 어렵지만 그간 우리는 다양한 어려움을 때때로 겪어왔다. 사스와 메르스도 겪었고, IMF와 금융 위기 등도 지나왔다. 이번의 어려움도 언젠가는 벗어날 수 있을 것이다. 하지만 전문가들은 장기화될 것이라는 비관적인 전망을 내놓고 있기도 하다. 그러나 절망만 하기에는 우리는 너무 많은 계획과 목표를 펼쳐놓고 살아왔다. 아직 이루지 못한 것들도 많고 세상의 아름다움도 다 보지 못했다.

이 와중에도 정치꾼들은 총선에서의 승리만이 관심사일지

모른다. 그들은 국민은 어떻게 되든지 간에 자기들 밥그릇 싸움에만 혈안이 되어 있다. 어제오늘의 문제는 아니지만 국민적 재난 앞에 특별 휴가를 보내면서 딴지를 걸어보는 것이다.

(2020. 3. 22.)

윤경화 수필집

꽃이라도 심겠습니다

인쇄 2024년 11월 11일
발행 2024년 11월 15일

지은이 윤경화
발행인 서정환
펴낸곳 수필과비평사
주소 서울시 종로구 삼일대로 32길 36(익선동 30-6 운현신화타워 빌딩) 305호
전화 (02) 3675-5635, (063) 275-4000·0484
팩스 (063) 274-3131
이메일 essay321@hanmail.net
출판등록 제300-2013-133호
인쇄 · 제본 신아출판사

ISBN 979-11-5933-556-3 (03810)
값 15,000원

Printed in KOREA

이 책은 울산광역시, 울산문화관광재단 '2024년 예술창작활동 지원사업'의 지원을 받아 발간되었습니다.